华为销售法

李江 ◎ 著

中信出版集团 | 北京

图书在版编目（CIP）数据

华为销售法 / 李江著. -- 北京 : 中信出版社,
2021.8（2025.1重印）
ISBN 978-7-5217-3300-6

Ⅰ. ①华… Ⅱ. ①李… Ⅲ. ①通信企业—企业管理—营销管理—经验—深圳 Ⅳ. ①F632.765.3

中国版本图书馆CIP数据核字(2021)第134027号

华为销售法

著　　者：李江
出版发行：中信出版集团股份有限公司
（北京市朝阳区东三环北路 27 号嘉铭中心　邮编　100020）
承 印 者：河北鹏润印刷有限公司

开　　本：787mm×1092mm　1/16　　印　　张：15　　字　　数：242千字
版　　次：2021年8月第1版　　印　　次：2025年1月第14次印刷
书　　号：ISBN 978-7-5217-3300-6
定　　价：69.00元

目 录

第三章 / 品牌价值与市场探索

市场活动是实现销售的重要前提，华为从市场活动到销售线索流程展现了华为开展 To B 市场活动的能力。

第四章 / To B 项目客户关系管理

客户关系是成功销售的基础和保障。对于 To B 项目，处理 5 种客户关系，发展和使用 Coach 是重要课题。

第五章 / To B 项目销售从端到端的运作

To B 项目发展分为 6 个阶段，可以使用 7 种营销武器；同时，我们要学习华为“准直销”渠道销售模式，学会销售漏斗管理。

第六章 / To B 项目销售团队管理

华为打造狼性销售团队的 6 要素与管理销售团队的 3 要点。对于销售业务管理，华为设立了销售管理部这一重要部门。

前 言

狼性销售是怎样炼成的

华为从一家注册资本2.1万元的小公司起步，截至2020年，公司销售额约9000亿元，在《财富》世界500强中排名第49，近20万名员工遍布全球170个国家的代表处，服务全球30%以上的人口。

这些年，越来越多的公司开始学习华为，学习的核心无非是想探寻华为取得骄人业绩的真正原因。

华为取得这些伟大成就的关键之一就是销售。

华为的狼性销售团队是如何炼成的？

纵观华为的发展史，华为的销售能力发展阶段可以分为三个阶段。

1993—1999年：从游击队到土八路

1993年，华为自主研发的C & C08机做出来之后，当时的产品质量一般，只要一打雷，大概率就会出问题，城市市场根本进不去，华为销售队伍只有去农村试试打打游击。当时公司的资金已经很紧张了，产品如果卖不出去，公司只有关门了。正是销售人员一个村一个县地拜访老乡，艰难地说服了客户，买了华为的机器试试，出了问题就马上到现场修复，同时安抚客户情绪。就这样艰难地发展了 3 年，1995 年销售额达 15 亿元，让公司先活了下来，为日后的发展打下了重要的基础。

这一阶段，华为的销售之路刚刚开始，1998 年就是典型的"土八路"，用任正非的话就是："我们还来不及取下头上包着的白毛巾，从青纱帐里出来，腰间还挂着地雷，手里提着盒子炮。"那几年就是销售人员凭着个人能力，先拿下几单再说，没有学习什么理论，目标就是把项目拿下，拿结果说话。

1993—1999 年，销售额从 15 亿元到 120 亿元，华为销售团队这一路的拼杀沉淀下来使命必达的狼性文化，是华为销售铁军的建军之基。

1998 年，华为启动了针对研发的 IPD（集成产品开发）变革，随后踏上人力资源、销售、管理、供应链等领域全面的学习之路。

2000—2010 年：逐渐壮大的正规军

2000 年，华为公司在国内的发展并不顺利，可谓内忧外患，被迫开始了国际化。任正非在欢送会上说："我们还来不及取下头上包着的白毛巾，从青纱帐里出来，一下子就跨过了太平洋。我们的游击作风还未褪尽，而国际化的管理风格尚未建立。你们背负着公司生死存亡的重任，希望寄托在你们身上。"

这十年是华为 To B（对商）销售能力形成的重要 10 年。

就 To B 业务而言，其一，自 1998 年起，公司师从 IBM（国际商业机器公司）、埃森哲等世界级公司，它们的 To B 销售与管理理论被华为的销售人员学习掌握，包括销售技能、销售项目运作技能、销售项目管理等。

其二，华为逐渐形成标准化的 To B 销售打法，包括如何分析行业市场与竞争对手，如何经营客户关系，如何进行项目运作，使用什么营销武器等。同时，华为在这 10 年探索并形成了“准直销”的渠道销售模式，与合作伙伴共同经营市场，实现双赢局面。

其三，华为设立销售管理部来实现规范的销售业务管理，重大项目管理、销售团队管理等越来越制度化。

第二个 10 年，华为销售团队成为逐渐扩大的正规军。

2011 年至今：体系庞大的现代化军队

2010 年，华为年销售额达 1200 亿元，到 2020 年约为 9000 亿元。

2010 年，华为整合数通产品线、存储与服务器产品线等，正式组建面向 To B 业务的企业网业务群，企业网销售额从 2010 年的 100 亿元达到 2020 年的 1000 亿元。

与此同时，销售团队越来越大，成为现代化军团。以西南某代表处为例，2008 年，To B 业务团队仅 10 多人，销售额约 1 亿元；2020 年，To B 业务团队已达 200 多人，销售额数十亿元，覆盖几十个行业。销售人员使用公司自主开发的销售管理软件，所有业务均有软件系统提供支持。

华为发展到今天，这支狼性的销售铁军发挥了至关重要的作用，他们是公司发展的基石，是成功的关键。

学习华为一定不能照搬照抄其今天的打法，它今天已经有 20 万名员工，因此相关企业要根据自身的条件，联系自己企业的发展阶段和实际情况，有针对性地采用不同的打法。其实，管理的精髓是一样的。

笔者一直有总结经验并创作一系列销售与运营主题的相关图书的想法。笔者认真地再次回忆了过去多年在国际与国内市场征战的时光，往昔的炮火与硝烟、困难与奋斗、挫折与挣扎、胜利与荣光、汗水与泪水再次浮现眼前，让笔者不断思索与总结，每天记录。

本书特别适合那些因面对 To B 行业扩大份额而感到困难、没有经验的企业创始人、销售负责人等高管，他们一般都会思考以下几个问题：

如何制定销售战略？

如何调研和分析市场？

如何研究竞争对手，从而制定竞争策略？

如何进行客户关系管理？

如何运作销售项目？

如何管理销售团队？

如何管理销售业务？

……

在本书中，笔者把自己职场生涯的总结、案例和心得真诚地奉献给读者，希望对你有所帮助，实现可持续增长，业绩倍增之后再倍增。

第一章

华为高价值战略规划：既学习又竞争

战略规划的意义在于保证正在做的事情是正确的，华为一向重视向竞争对手学习，先学习，再超越。

华为战略规划步骤

企业战略是对企业各种战略的统称，是指企业根据环境变化，依据本身资源和实力选择适合的经营领域与产品，形成自己的核心竞争力，目的是通过差异化在竞争中取胜。

企业战略决定了企业发展的方向等重大事项，是考虑全局目标而制定的总体规划。离开战略谈战术是没有意义的，因为企业只有保证“做正确的事”，才能谈“正确地做事”。

战略管理则是对公司战略的制定、实施、控制和修正进行的管理，是根据公司使命，根据公司外部环境和内部经营要素确定公司目标，保证目标的正确落实，并使公司使命最终得以实现的一个动态过程（见图 1-1）。

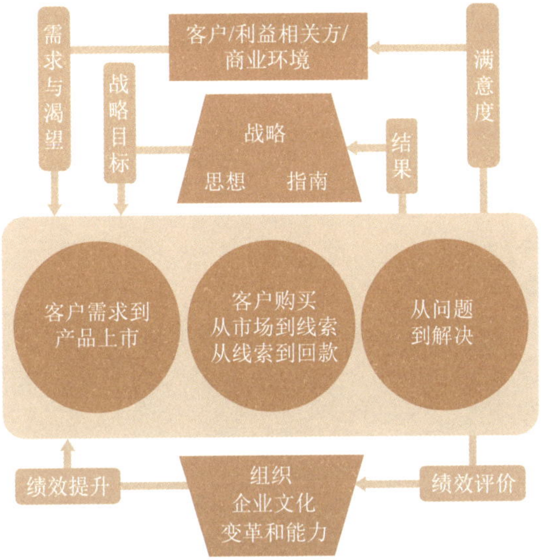

图 1-1 战略与企业经营

企业首先是基于商业环境来制定自己的战略，然后根据战略开展经营工作。战略一旦确定，就要指导公司三大主要工作：产品研发、产品销售、售后服务。在华为，这三项工作又被称为集成产品开发（Integrated Product Development，IPD）、从市场活动到销售线索（Market To Lead，MTL）/从线索到回款（Lead To Cash，LTC）、从问题到解决（Issue To Resolution，ITR）。

由此可见，战略规划是工作的起点，要先明确"去哪里"的问题，再解决"怎么去"的问题，所以要先明确方向，先做计划，然后才能开始工作。

企业战略规划分 5 个阶段，分别是战略洞察、战略制定、战略展开、战略执行和战略评估（见图 1–2）。

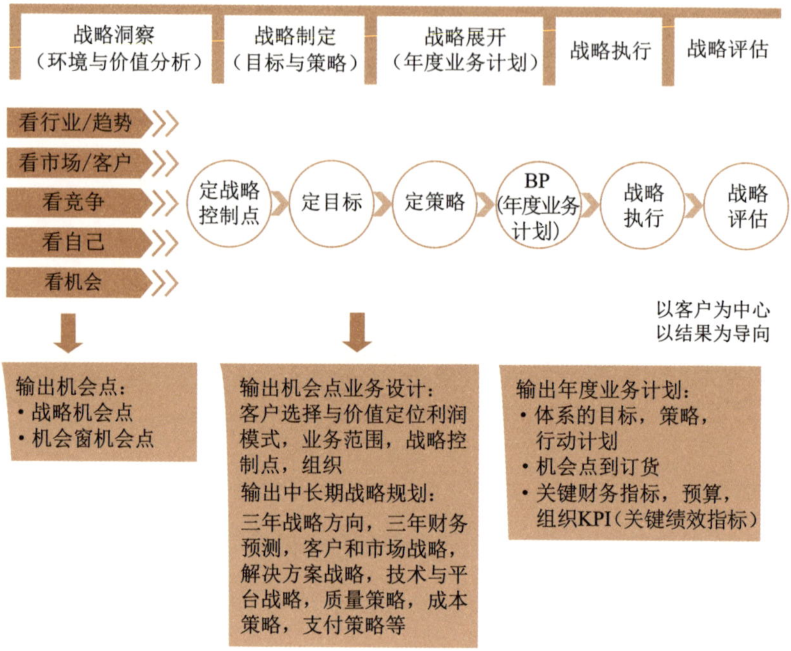

图 1–2　华为战略规划 5 步法

战略洞察阶段的主要工作是“5 看”：“看行业/趋势”“看市场/客户”“看竞争”“看自己”“看机会”。

战略制定阶段的主要任务是“3 定”：“定战略控制点”“定目标”“定策略”，这个阶段要完成战略规划。

战略展开阶段则是进行任务分解，把工作任务层层落实到各个部门，输出年度工作计划。

战略执行阶段就是落地战略规划，开展年度工作，包括市场营销、项目销售与销售管理等工作。

战略评估阶段就是评估战略执行情况，评估效果，迭代完善，通过季度、半年、年度工作会议来检查评估结果。

华为在战略规划的这个 5 步环节中，所有的工作有一个重要的指导方针——“以客户为中心，以结果为导向”。“以客户为中心”，而不是以自己的产品技术为中心，客户需要什么就提供什么，为客户创造价值，一切围绕客户转，客户的需求就是最高的命令，全员参与，一定要让客户满意。“以结果为导向”，华为考察工作就是考察结果，考察绩效，评价一个组织或者一个干部行不行就是看结果，这个人的学历不重要，别人对他的评价也仅仅是参考，因为都有主观因素，华为就是看结果，行就上，不行就下，规则简单，并且执行坚决，不会讲情面。

战略洞察

战略洞察主要是对企业所处的宏观环境、微观环境、竞争对手等进行分析研究。对宏观环境的洞察就是“看行业/趋势”“看市场/客户”，对微观环境进行洞察就是“看竞争”，然后分析自己——“看自己”，最后得出结论——“看机会”，找到属于自己的战略机会点，发现机会窗。

那么，具体如何洞察分析呢？华为通常用的是 5 看的方法：看行业/趋势、看市场/客户、看竞争、看自己、看机会。具体方法会在第二章展开讲解。

战略制定

在战略洞察中，我们研究了竞争对手，并完成 SWOT 分析（基于内外部竞争环境和竞争条件的态势分析），在此基础上进入战略制定阶段。企业在这个阶段完成战略规划，并进行初步的业务设计。

战略制定分三步，分别是定战略控制点、定目标、定策略（见图 1-3）。

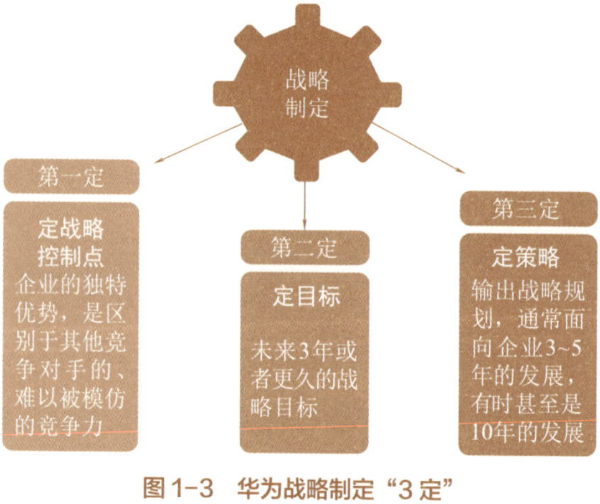

图 1-3　华为战略制定“3 定”

先要定战略控制点。战略控制点是指企业的独特优势，是区别于其他竞争对手的、难以被模仿的竞争力，例如，企业的技术优势、成本优势、专利优势、品牌优势、市场优势、销售优势等都可以是战略控制点。

战略控制点定了以后，就要定目标，就是要结合自己的竞争优势，设立未来 3 年或者更久的战略目标。

目标确定以后，就要定策略。这一阶段需要输出战略规划。战略规划通常面向企业 3~5 年的发展，有时甚至是 10 年的发展。

数通产品线国际部在分析完自身的优势和劣势以后，决定开拓国际市场，预期目标就是 3~5 年能够在海外占据 10% 以上的市场份额。为此，华为制订了 3 年工作计划，分阶段实现此目标。第一年的目标则具体化为首先开拓亚太区、拉美区，开发 10~20 个国家和地区，招聘和培训 200 名以上的员工，分阶段投入国际市场一线工作，实现市场突破。

这一阶段的具体方法会在第二章详细讲解。

输出战略规划之后，就需要对企业的具体业务进行设计，具体有以下两点。

客户选择与价值定位、利润模式

就是选择哪些细分市场、哪些目标客户，我们提供何种产品及服务，利润分配的方法是怎样的。

数通产品线最终选择企业市场，就是除中国三大通信运营商以外的客户都是我们的目标客户。市场虽然大，但市场开拓还是要一步一步前进。

华为提供能够让客户接入互联网的设备，不做直销，发展代理商，让代理商直接供货给客户。华为的价格优惠，是主要竞争对手的60%~80%，给代理商的利润也丰厚，代理商项目毛利一般在30%~40%。

业务范围，战略控制点，组织设计

华为的市场工作和销售工作规划坚持发挥战略控制点的优势，针对业务需要重新开始设计组织架构。

针对以上重点，输出中长期战略规划：未来3年的战略方向、财务预测、客户和市场战略、解决方案战略、技术与平台战略、质量策略、成本策略、项目交付策略等。

这一阶段的具体方法同样会在第二章详细讲解。

战略展开

战略展开的目的是把市场战略、产品战略、品牌战略、研发战略、竞争战略等规划进行解码，变成具体的业务计划，输出有指标、有步骤的年度业务计划（见图1–4）。

在华为，公司战略目标会进一步分解到每个业务群（Business Group，BG），如企业网业务群、运营商业务群，然后从每个业务群分解到部门，从一级部门到二级部门再到三级部门等，最后分解到部门里每个人（见图1–5）。

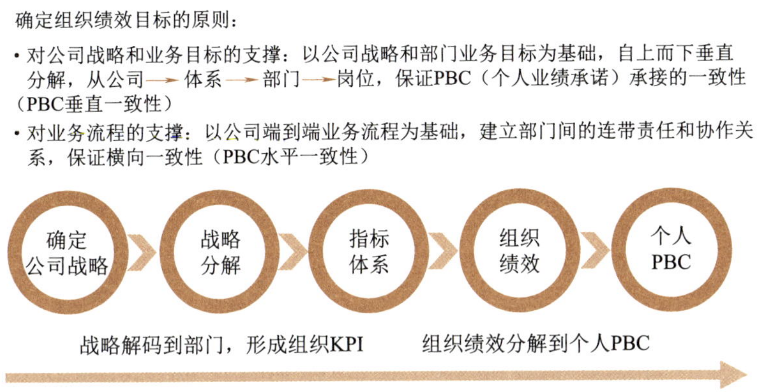

图 1-4　华为战略解码流程

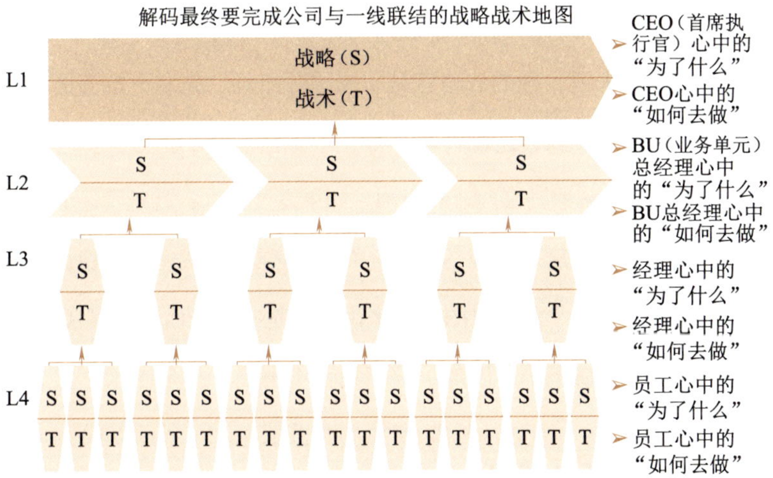

图 1-5　战略目标分解示意

业务指标分解到部门，形成各部门的 KPI，也就是组织绩效考核。KPI 要求组织在指定时间内，完成具体任务，以及分别完成到什么程度。然后每个部门的KPI再分解到每个人，形成个人业绩承诺（PBC）。在华为，每位员工都要签署PBC协议，协议包含三个层面的内容：个人目标承诺、人员管理目标承诺和个人能力提升目标承诺。PBC考核要和KPI保持一致，大家为了同一个目标，劲儿往一处使。

同样，从个人的角度看，公司CEO的战略和战术，要进一步分解为部门总经理的战略和战术；部门总经理的战略和战术再细化为每一级干部的战略和战术，最后形成每个员工的战略和战术，整体保持一致性，大家奔着一个目标前进，形成合力。

2004年初，华为数通产品线国际部决定开始进行国际市场拓展。对国际部总裁来说，她的战略就是布局国际市场，先拿下拉美区和亚太区，招人建立团队，进行培训，然后开始落地。对亚太区总裁来说，他的战略就是先落地马来西亚和泰国。如果发展顺利，就延续经验推广到韩国、印度、印度尼西亚等国家。如果不顺利，就先稳一稳，先发展好两个国家再说。对当时的笔者来说，就是在马来西亚招募代理商，招聘人员，争取在三个月以内了解市场基本情况，招募国家总代，发展一部分代理商，每个月都能够拿到项目信息，6个月以内完成招聘，开始落地做项目。对销售人员来说，就是入职以后，接受学习培训，然后多接触客户，多接触项目，目标是在一年以内实现马来西亚市场的销售突破。这一级一级的目标分解过程就像一部精密的大型机器，大齿轮带动小齿轮，快速运转。

战略执行

在这一步，企业开始把年度业务计划落地执行，并向前推动。在既定年度工作计划的基础上，每个部门按照自己部门的年度 KPI 考核指标推动工作。

一般来说，华为会把年度业务规划分解到 4 个季度，每个季度有详细且明确的 KPI 要求。针对每个季度，又会分解到每个月，这样每个月都有相应的工作指标要求。

就销售工作而言，数通产品线会把产品线当年总的销售任务分解给国内市场部和国际市场部，国际市场部再分到亚太、拉美、欧洲等区域。每个区域再划分到每个国家，每个国家再细分到每个季度，每个季度再细分到每个月。

这样，每个国家的销售团队就瞄准自己当月的工作目标执行，每个区域监督国家代表处的工作进展，总部整体把控工作进展。

战略评估

这一步是指将年度业务计划的执行结果在阶段性或者年度结束以后进行评估，在公司层面以及部门层面，总结成绩，发现差距，知道自己赢在哪里，知道自己哪里做得还不够，再次开始新一轮战略制定与执行，迭代发展，不断进步。

华为对于评估工作很重视，这些评估工作通常以工作会议汇报的形式出现。

对于公司总部，每个季度的季度例会是检查工作的重点，到了半年度、年度则最为隆重。在海外区域，每个月的月度例会是检查工作的重点。海外代表处，平时就是每周的项目例会，检查项目进展情况，每月的工作例会检查工作进展。

工作检查的依据就是KPI，每个月都要检查KPI的完成情况。

华为的销售工作KPI一般有以下几个：销售额、市场工作、重点项目突破、重点客户突破等。在海外，处于市场拓展阶段的代表处KPI一般是：销售目标，占比60%；市场目标要求一个季度做两次大型活动，占比20%；重点项目目标，占比10%；重点客户目标，占比10%（见表1-1）。

表1-1 海外市场拓展阶段KPI示意

类别	KPI考核要素	权重	评价规则
销售目标	销售目标完成率	50%	得分 = 权重 × 完成率 ×100；完成率≥ 100%，满分
	销售增长率	10%	考核同比增长率≥ 50%，满分；增长率≤ 50%，0分；50%~70%，线性得分
市场目标 20%	高端产品市场目标	10%	高端产品加权总分完成率，得分 = 权重 × 完成率 ×100；完成率≥ 100%，满分
	市场活动目标	10%	每个季度举办两次大型行业市场活动
重点项目目标	实现某行业的项目突破	10%	项目成交，金额不限，由销售管理部提供考核细则
重点客户目标	实现邀请某重要客户回国参观	10%	以回国参观考察为标准、客户参观人数不限，由销售管理部提供考核细则

检查评估工作完成情况，就是检查当前周期的销售额是否达成、市场活动是否按计划完成、重点项目有没有实现突破、重点客户有没有突破等。

如果发现进度跟不上预期，那么就要在会议上讨论，找找原因是什么，要求尽快解决，达成目标。如果发现未来的工作可能出现困难，那么就要在会议上讨论给予何种支持，比如人力投入、市场预算投入等。

华为的工作会议有个特色，就是每个会议必有会议纪要。会议纪要就像法律文件一样，要跟踪检查，下次开会前要再看看上次会议的遗留问题有没有解决，责任人有没有完成任务，否则要追责，轻了挨一通批评，严重了立即换人。华为检查工作、落实结果的执行力非常强，赏罚分明，纪律严明，大家严格按照会议纪要推动，不敢大意。

以上就是战略规划的 5 个阶段。华为每年都会做战略规划，或者对既有规划进行升级评审。2006 年，华为开始引入 IBM 的战略规划工具作为必用工具，各个产品线都开始使用。

从结果来看，30 年来，华为抓住了几乎所有的战略机会点，包括 1995 年开始的“村村通”工程、1998 年开始的国内 2G（第二代移动通信技术）大发展、2000 年开始的国际市场大发展、2004 年开始的手机市场、2008 年开始的企业网市场等。华为通过战略规划的牵引，找到前进的方向，明确目标和发展路径，引导任务落地，引导员工一起奋斗，一起发展。

向竞争对手全面学习

华为一路走来都在对标竞争对手，向竞争对手学习。这是被逼的，事实证明这也是对的，是捷径。

“中国是世界上最大的新兴市场，世界巨头都云集于此。公司创立之初，就在家门口碰到了全球最激烈的竞争，我们不得不在夹缝中求生存。”这是任正非当年苦楚的回忆，是华为真实的境遇。

在 20 世纪 90 年代的中国市场，都是诺基亚、爱立信、西门子、贝尔、摩托罗拉、朗讯这些大名鼎鼎的世界顶级公司，它们垄断了整个市场。

华为只是一家普通到没有人听说过的民营企业，既没有技术积累，也没有资金实力，更没有背景。华为从代理销售香港的小程控交换机起家，误打误撞进入通信市场，才知道市场险恶。

任正非说："我们当年因为无知，因为傻，才在电信行业走下去。我以为电信市场那么大，做一点点能养活公司就行了。进来才知道电信不是小公司能干的，标准太高了，进步太快了。要活下来，只有硬着头皮干到底，不然就干不下来。不努力往前跑就是破产，我们没有什么退路，只能坚持到现在。"

为了活下来，只有进步。

怎么进步呢？只有学习。

向谁学习呢？眼前的竞争对手拥有几十年甚至上百年的经验，技术领先，世界一流，引领市场发展趋势，垄断市场，不向它们学习，向谁学习？

华为从一开始就没有什么选择余地，为了活下去，只有追赶；为了缩短和竞争对手的差距，只能全面向它们学习。

公司内部从来不提"竞争对手"这个词，而是说"友商"。坦率地说，当时的华为也谈不上是这些巨头的竞争对手。

华为的学习是全方位的。

华为数通产品线对标的竞争对手是思科，它是世界第一，从1998年开始市场份额一直占据80%以上，处于绝对垄断地位。世界上能做这种产品的公司不多，大品牌不超过5个，华为算一个。

思科已经形成事实上的业界标准，并在世界范围内推行它认证的工程师培训。通过获得思科的网络工程师认证，然后进入业界工作，已经成了网络工程师比较流行的选择，而且它的培训费用不菲。

在这样的背景下，华为的数通产品团队就不得不全方位向它学习。

产品方面，华为研究思科设备的操作界面，包括设备界面的语言提示、操作步骤设置；研究思科设备的产品外观、尺寸大小、产品材质；研究它的产品规格，例如，有多少个数据接口，功能分别是什么，思科有的功能华为也要有；研究它的性能指标，保证在性能上不输给对手；就连产品系列命名方式也会学习，思科有2600系列，华为就有3600系列。定价方面，华为的市场列表价和思科几乎一模一样，但是在实际报价的时候，价格折扣比思科要大，比它的产品便宜。

市场营销方面，华为学习它的广告推广方式，研究它在哪些媒体打广告、经常找哪些广告机构、设计风格是什么样的。总之，先学习，争取做到它的水准。

展会推广方面，华为会学习思科用何种方式邀请客户，例如，发邀请函、销售人员逐个拜访等；学习思科如何安排展会议程，例如，开场环节、嘉宾讲话环节、剪彩环节、技术交流环节的安排；华为员工多次参加思科的展会，照葫芦画瓢，模仿其做法，再邀请会务公司帮助落地，逐步学会如何举办大型展会。

华为学习思科如何教育和引导行业客户。它会推出各种解决方案，然后通过产品发布会引导客户，华为也参加它的产品发布会，学习它推出的各个行业的解决方案，研究其方案的技术亮点，研究它试图引导的技术趋势。随后华为的研发队伍就会跟上，推出新功能，或发布新的技术方案。

初期，华为只是在产品功能和形态上简单模仿和扩展，比如思科的设备提供 2 个插槽，华为就提供 4 个插槽；思科的板卡提供 4 个端口，华为就提供 6 个甚至 8 个或 16 个。学习的目的不是简单模仿，而是超越。

华为一直强调“以客户为中心”，面向客户需求，重视客户需求，按照客户需求改进产品，并快速响应客户反馈。在向竞争对手全面学习之后，华为很快就从早期的简单模仿走向面向客户需求开发产品。

面对银行业哑终端的需求，华为迅速提供了 16 个端口甚至 32 个端口的低速串口，解决高密度哑终端的连接问题。面对 IP 语音（基于互联网协议的语音）的需求，华为迅速提供了低成本、高密度的语音接口卡。

华为能够快速提供客户需要的产品特性，给客户定制功能，这是思科做不到的。作为世界级的公司，思科很难及时响应中国客户的反馈。事实证明，华为的这些措施很有效，迅速打开了局面，使华为的产品快速占领了市场，取代了思科。

华为学习思科的项目交付流程、售后服务流程，作为参考，最后形成自己的流程体系。

华为原来一直做运营商业务，属于直销，即直接和运营商大客户接触，直接签署合同，直接供货。这种直销项目因为客户都是运营商，所以金额都比较大，一般都是一亿美元以上。这种项目的运作周期也很长，一般一年以上，属于长周期、大项目、直销模式。

所以，2000 年的华为对于行业 To B 销售业务、渠道销售以及产品分销并不熟悉。To B 渠道销售模式需要厂家和代理商配合做项目，搞好客户关系。代理商出面和客户签署合同，然后从厂家进货供给客户，厂家不直接和客户签署合同供货。

所以，To B 项目的特征和直销大项目截然不同（见表 1-2）。To B 项目数量庞大，仅仅一个省就可能数以万计，且项目金额相对直销项目小很多。一般一个销售人员通常手上会同时跟踪十几个、几十个项目，一年下来一个人经手大大小小的项目数以百计，项目金额一般为几十万元、一两百万元，千万元级别的寥寥可数。所以 To B 项目需要在短时间内尽快搞定，决策周期短，一般 3~6 个月，最长不会超过一年。这就决定了这种项目不适合厂家安排人员来做直销，需要众多代理商的合作来面对庞大的市场以及数量众多的项目。

表 1-2 To B 项目与直销大项目对比

	项目数量	项目金额	决策周期
To B 项目	多 （一个销售人员同时负责十几个项目）	小 （一般几十万元，几百万元属于大项目）	短 （3 到 6 个月，不到一年）
直销大项目	少（每年几个）	大（几千万到几亿元）	长（6 个月以上）

华为在学习了思科的行业打法以及渠道销售模式之后，结合自己在直销方面的经验，创造性地提出了“准直销”的竞争策略。简单来说，就是“厂家直销 + 渠道配合”，华为自己的销售团队有狼性，

擅长经营客户关系，擅长运作项目，就冲在前面打市场、打项目，自己出面运作项目，把客户关系掌握在自己手里。同时，寻求渠道的配合，渠道可以提供项目信息，可以提供客户名单，可以引荐客户，可以做项目交付与售后服务。

华为自己打单在成功获得项目后，不直接供货，而是寻找项目中原有的友商渠道，将项目拱手相送，让他们坐享其成，引导他们销售华为的产品。经过一两次这样的过程，友商的渠道就被瓦解了，转而投靠华为，主动销售华为的产品和解决方案。

同时，华为也建设自己的渠道队伍，培养代理商。就这样，华为既发展自己的代理商，也拉友商的代理商加入，逐渐有了自己的渠道队伍，渠道体系也逐步完善。

在渠道政策方面，华为学习思科如何发展代理商、培训代理商和管理代理商，如何设置渠道架构体系，如何设置金牌、银牌代理商，如何奖励代理商，如何与代理商配合工作打下市场等，通过研究对手，制定相应的对策，推出同样或者更优惠的政策，例如，培训全部免费、市场活动费用补贴比例更高、年度奖励更好等。

也就是几年时间，华为数通产品线就达到世界级水平。

"向竞争对手学习""向业界第一学习"一直是华为的重要战略，使得华为少走弯路，能够快速发展，继而通过学习实现超越。这也是所谓的"后发优势"，通过观察行业先行者的行动及效果而采取相应行动，从而降低风险，减少自身面临的不确定性。

这也是华为实践得来的经验教训。在过去的30年，人们见证过很多世界级的公司走在前列，走得很快，消失得也很快。有的产品技术华为还没有来得及学习就消失了。所以任正非一直强调："在产品技术创新上，华为要保持技术领先，但只能是领先竞争对手半步，领先三步就会成为'先烈'，明确将技术导向战略转为客户需求导向战略。"

任正非还说："超前太多的技术，当然也是人类的瑰宝，但必须牺牲自己来实现。2000年IT（信息技术）泡沫破灭的浪潮使世界损失了20万亿美元的财富。从统计分析可以得出，几乎100%的公司并不是因为技术不先进而死掉的，而是技术先进到别人还没有对它完全认识与认可，以致没有人购买，产品卖不出去却消耗了大量的人力、物力、财力，丧失了竞争力。许多领导世界潮流的技术，虽然是万米赛跑的领跑者，但却不一定是赢家。"

2000年初，华为有6个产品线，包括数据通信、核心网、无线、业务软件、光网络等，每个产品线都是这样做的，都是对标各自产品线的世界第一的竞争对手，通过10多年的发展，进而跻身世界一流。

华为的这些案例对我国企业有什么启示呢？

事实上，我国的企业起步较晚，发展历史都不长，都是随着改革开放的进程而发展的。历史比较久的企业，一般在20世纪90年代末或21世纪初创立，最多也就是二三十年的发展史。

相对于世界巨头来说，我国企业就是小不点，在各个方面都有较大的差距。今天，我国企业面临的市场情况和竞争态势与 30 年前的华为面对的境遇相比，没有多大不同，有很多相似之处。

那么，通过“向竞争对手学习”，采用跟随战略逐步发展和壮大自己是一个比较好的战略，就像华为当年第一次开始学习，学习 IBM 如何管理研发那样，“先僵化、再固化、再优化”，从零开始，先学会了，再谈超越的事情，稳步发展，终至大成。

拆解竞争者优势，各个击破

商场如战场，对很多公司而言，销售往往是冲在最前面的，和竞争对手正面交锋，争取市场和客户。“兵者，国之大事，死生之地，存亡之道，不可不察也”，对公司而言，销售至关重要。

华为数通产品线作为华为唯一做 To B 行业销售业务的产品线，从 2000 年左右开始在 To B 行业探索，从零开始，一边学习西方先进的销售理论，一边研究竞争对手，在实战中成长。数通产品线销售主要从以下 8 个方面研究竞争对手（见图 1-6）。

确定竞争对手名单

要打仗就要定目标：在市场中取得什么样的地位；如果要取得这样的地位，就要打败谁，也就是要和目前市场上的第几名进行争夺，或者说从市场上哪些竞争对手手里抢份额，抢多少。

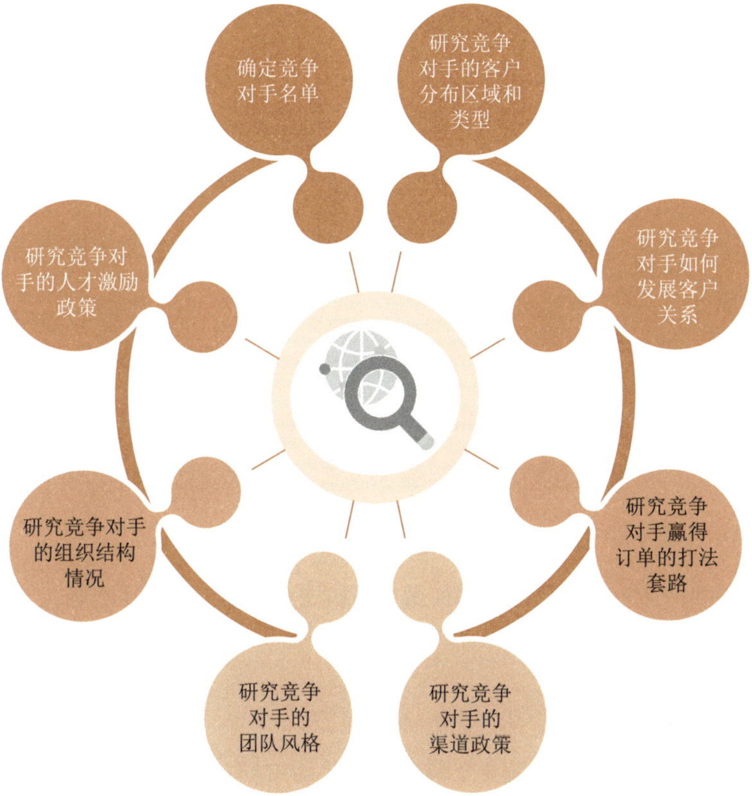

图 1-6　全面研究竞争对手

目标确定后，就要进一步调研我们对标的竞争对手的情况，他们各自的销售额、市场份额、客户分布，对比我们的情况，最终确定应该和谁竞争（见表 1-3）。

表 1-3 竞争对手情况调查

	竞争对手 1	竞争对手 2	竞争对手 3	竞争对手 N
销售额				
市场份额				
客户分布				

如果我们的定位是要做到行业一流，就要研究目标行业的前三或前五的竞争对手。如果我们的实力暂时还无法进入行业第一梯队，就要研究第二梯队的竞争对手情况。

华为做数通产品线时，通过市场调研，发现国际对手只有思科，国内品牌华为第一，其余几家中国公司都比华为弱，所以华为明确就是以思科为对标的竞争对手，开始一点一点地突破思科的既有市场，目标是成为国内市场第二名。

如何做市场调研以及如何做市场拓展会在第二章具体阐述。

研究竞争对手的客户分布区域和类型

确定目标之后，就要了解竞争对手的市场在哪里，客户有多少，大致是什么情况。如果我们要在某一区域和该竞争对手打，我们的力量如何，团队是否够大，是否打得过。如果力量有限，有哪些困难。

在目标区域，我们有无市场基础，有无客户关系、渠道资源支撑。如果有，可否支撑我们的销售目标。如果没有，需要如何发展，需要多久的时间，我们能不能持续提供人力、物力支持。

竞争对手的客户是大型、中型居多，还是小型居多。我们现阶段的力量，是适合争夺大型、中型，还是小型客户。竞争对手的客户是国有客户居多，还是民营客户居多。我们现阶段的力量，是适合争夺国有客户，还是民营客户。

对待不同体量、不同类型的客户，我们的优势究竟如何，要分析，继而得出结论，从哪一类型或哪一体量的客户下手。

华为拓展国际市场，首先对标竞争对手思科。思科在国际市场耕耘多年，在全球各国的市场份额在 80% 以上，客户遍布各行各业，基本处于市场绝对垄断地位。华为去国际市场拓展，是从零开始，刚开始没有团队，没有客户基础，品牌也没有影响力，那么能不能打呢？能。信心就来自当时在国内，华为从 2000 年开始，已经和思科打了四五年，在各行各业都夺回了一些客户，树立了自己的口碑，在国内已经具有 20% 左右的市场份额，所以华为有信心在国际上复制自己的打法。

在国际市场，华为得从零开始建设团队、发展代理商、发展客户，也认识到国际市场的难度比国内大，但是华为有经验，也有信心做好。

华为当初计划在一年以内能够在当地建立队伍，发展代理商，赢得一些客户，能够站稳脚跟，就满意了，在第二年或第三年再深入发展。

那么，华为在开始阶段就是重点突破中小型客户，这些客户不属于思科的重点，比较容易争取。事实证明，这是对的。

研究竞争对手如何发展客户关系

确认完竞争对手的客户情况，接下来就要研究竞争对手是如何发展和建设客户关系的。

他们刚开始是如何切入客户关系的？是关系介绍、陌生拜访，还是通过市场活动拓展客户关系？他们的做法对我们而言有无借鉴意义？如果有，我们怎么做到？如果没有，我们现阶段应该怎么办？

还要研究竞争对手是如何参与招投标的。比如，它应对大、中小型客户的招投标模式分别是什么样的。

大型客户招投标对公司的资质要求、产品技术参数、成功案例比较严格。竞争对手是否设置了投标门槛？如果有，我们如何应对？

中小型客户的招投标比较灵活、随机，项目不大，发标和投标的时间周期很短。竞争对手是如何应对的？安排了多少人对接这些数量的客户？华为要学习，对目标客户实现全面覆盖。

思科的打法非常专业，不管是在中国市场，还是在国际市场，都是一个专业的路数，这个方法路也是 To B 市场的标准打法，值得学习。

首先，它会在这个国家设置办事处，在国家的各个省份设置办事处，而且人力的配置相当到位，一般一个省有 10~30 人，有销售人员、技术支持、售后服务，销售力量能够覆盖整个省级市场。其次，它的人员培训很全面，培训完之后，销售人员对于目标客户进行第一轮陌生拜访，然后，举行各种行业展会，邀请第一轮接触的客户参加，一边扩大影响力，一边建设客户关系，还举办各种各样的技术交流会，邀请客户的管理层和技术层参加，让客户接受思科的产品和解决方案。同时，为了建设客户关系，它经常举办各种各样的酒会、沙龙，经常邀请重要客户打高尔夫等，这些套路都被华为学习并借鉴。

思科对大客户、重要客户看得比较紧，往往会在这些客户的招标文件里面设置一些门槛，例如，成功案例、技术参数等，这些客户华为一时不好突破。但是它对中小客户则不那么重视，客户关系一般，而且中小客户招标没有那么严格的要求，所以华为选择中小客户实现突破。

研究竞争对手赢得订单的打法套路

这一步就是在上一步的基础上，进一步找出竞争对手赢得客户、赢得订单的主要因素，明确是价格优惠，产品、解决方案领先，还是客户关系好、渠道关系好，抑或售后服务好。华为加以学习借鉴。

从客户层面看，To B 项目的决策链有 5 种角色：管理线、技术线、采购线、财务线和用户线，这 5 种角色在客户的招投标决策上分别会发挥不同的作用（具体会在后面的章节阐述）。

华为会研究竞争对手搞定了客户决策链上的这 5 种关系的哪些关系，哪些是它的支持者，哪些是中立者，哪些是反对者。华为会避开它的支持者，关注中立者和反对者，建设客户关系，力争取得突破。

华为注重研究竞争对手赢得项目的打法套路，加以学习借鉴。

思科在客户关系建设方面做得非常好，它对客户管理层非常重视，客户关系做得很到位，能够经常一起吃饭、打高尔夫。同时，它的产品解决方案领先，在技术方面引导客户，教育客户找到最佳方案。而且，它的渠道工作做得也很好，对渠道的技术培训做得很全面，每个渠道都要求通过思科的技术工程师认证考试。

思科成了华为学习的标杆，华为学习研究这些做法，效果显著。

研究竞争对手的渠道政策

这一步主要研究的是竞争对手的渠道势力范围，以及在该区域的代理商实力如何。比如，全国有多少总代理商；总代理商主要做什么工作，对市场的影响力如何，对市场是否有掌控力，还是只是简单供货。

总代理商制度是全国范围的，还是省范围的。如果是全国范围的，那么有几家，他们的代理范围是如何划分的，每一家负责多少个省。如果全国范围的总代理商只有一两家，那么对于全国各省的二级代理商的支持力度就会有限；如果全国范围的总代理商多于 5 家，每一家负责五六个省份，那么从数量上看，是合理的。如果是省范围的总代理商，那么从覆盖区域面积上看，一两家省级总代理商是合理的，进一步看看总代理商具体能够服务多少二级代理商。一般来说，To B 市场一家省级总代理商要服务 150 家左右二级代理商。

再进一步看看总代理商对二级代理商能不能做好工作扶持，比如总代理商是否经常召开技术培训会议、代理商大会或组织市场活动巡展等，这些工作可以提升二级代理商的技术水平、运营水平，协助代理商开发市场。

如果总代理商仅仅是在区域内对二级代理商供货，对代理商的项目没有实质性帮助，那么这个总代理商的职能就太小了，就能判断这个竞争对手的渠道力量有限。

对于二级代理商，应研究在这个省份，竞争对手有多少代理商。二级代理商的数量会反映对客户的覆盖面，一个城市有 20 家代理商和只有 2 家代理商，显然覆盖面是不一样的。思科在 21 世纪初中国市场的鼎盛时期，一个省有 100~200 家二级代理商，对市场和客户的覆盖面很大。

再进一步研究代理商和客户的关系如何，在当地市场的影响力如何。有的代理商做项目的水平高，和客户有较牢固的合作关系；有的水平不高而靠厂家做项目，仅仅是接了项目订单来供货，履行合同。

再进一步研究代理商是如何介入项目的。研究代理商建设和维护客户关系的方法，华为加以学习借鉴；研究代理商是如何与竞争对手配合工作的。一般来说，思科的模式是代理商提供项目信息，然后思科的客户经理在代理商引荐下接触客户，以思科为主运作客户关系，然后思科主导做技术方案交流，再引入代理商维护客户关系，投标的时候让代理商出面投标，中标以后代理商履行合同并提供售后服务。

思科的工作模式给了华为很大的启发，华为就干脆发挥直接做客户关系、做项目的优势，加大市场力度，加大客户经理人手的投入，重点发展自己赢得客户、掌握客户关系的能力。中标之后，再用项目吸引代理商加盟，逐步发展和建设自己的代理商队伍。然后对代理商进行技能培训，让代理商发现项目信息，引荐客户关系，开展市场活动等。发现项目以后，他们和华为配合运作，这种模式行之有效，这被称为华为的“准直销”模式。

研究竞争对手的团队风格

知彼知己，百战不殆。竞争对手的风格主要由他们的高管团队决定，只有研究他们的风格以及既往的做法，才能在项目争取的关键时刻，赢得机会。

要了解竞争对手的高管团队的风格特征是保守型，还是激进型。如果他们保守，在竞争中就要保持激进，力争尽快超越。如果他们激进，那么研究他们的市场结果是好的还是坏的，好的结果说明打法对路，就应该学习；如果是坏的，就要研究是哪里出了问题，不能重蹈覆辙。

华为研究了思科，它的打法十分激进，在全国各地设置办事处，每个办事处有 10~50 人，市场覆盖面大，对客户关系的把握非常强，运作项目的打法专业，市场结果也好。华为只有学习，先学会了再说。

研究竞争对手是善于杀价，还是善于做市场活动、维护客户关系。

如果他们善于杀价，华为就扮演低价杀手，同样杀人。

如果他们善于市场活动和客户关系，华为学习过来以同样的方法打市场。

也要明确他们的高管团队是民企风格、外企风格，还是国企风格。一般来说，外企风格比较激进，打法专业，难对付；国企风格保守，内部规矩多，决策拖沓，好对付；民企风格在国内差异比较大，水平不一，要具体分析，看看他们属于比较激进、专业，还是偏保守，看看他们的市场与项目运作能力，做出对策。

研究竞争对手的组织结构情况

研究竞争对手的组织结构情况是为了判断对手在产品、销售等方面的实力，通过了解竞争对手的研发、市场、售前、销售部门设置、总人数等，从各部门的人数规模判断他们的研发实力、市场宣传能力、技术解决方案能力、销售能力等（见图 1–7）。

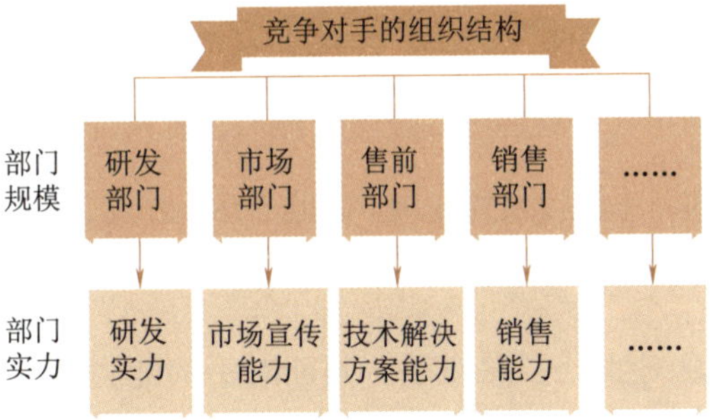

图 1–7　了解竞争对手的组织结构

如果研发队伍占比30%以上，100人以上，说明对手的产品实力不错。如果市场部门人数占比3%左右，至少10人，经常举办全国性市场活动，说明对手有一定的市场营销能力。如果解决方案部门及售前技术支持部门占比5%左右，至少10人，说明对手有一定的解决方案能力。

尤其是各地销售代表处的人员配置，例如，他们在一个省有几个代表处，每个代表处有多少人。如果一个省只有几个人，显然实力弱，不足为虑；如果一个省有几十个人，分成几个代表处，每个代表处有10多个人，那么则证明其有相当大的实力。

同时，研究他们销售团队的人员构成是本地人居多还是学生居多。

如果是本地人居多，再研究他们的年龄结构。一般来说，这种团队人员稳定，年龄大、有经验的人居多，他们的短板是激情不够，老客户关系维护得好，而新客户开发少，要重点开发他们不做的客户。

如果这个团队是学生军居多，一般来说，这个团队经验还不足，客户关系不够稳固。

再研究当地代表处的干部配置情况：代表处负责人的水平如何；过往业绩如何；一个代表处有几个总监、几个经理，他们的年龄、能力如何。

这些信息对我们了解对手、判断对手的能力都有较大的参考价值。

研究竞争对手的人才激励政策

要研究竞争对手的代表处各级干部的薪酬如何，销售人员的薪酬如何。这是判断他们队伍水平以及稳定性的一个重要指标。

年薪水平和人员的水平有一定关联，通过了解他们的年薪水平，就可以大概判断这支干部队伍的水平，例如，年薪 20 万元的代表处负责人和年薪 50 万元的代表处负责人，显然水平有较大差距。

研究竞争对手的销售激励体系，例如，有没有项目奖励。如果没有，那么对手的人员做项目的动力就小。如果有，就看看项目奖励一般是多少，看看奖金与项目金额的比例，如 1%、2% 等。看看项目奖金的绝对值，如 1 万元以内，1 万元、2 万元还是 4 万元、5 万元，就知道这个项目奖励是有吸引力还是只是安慰。如果做了一个 200 万元的项目，奖金不到 1 万元，那显然这个激励较小，销售人员也没有动力。

如果没有项目奖励，那么一般是底薪加年终奖，要了解年终奖一般什么情况。看看竞争对手的年终奖是否有吸引力，就知道是否会激励销售人员积极拓展市场，扩大销售额。

分析竞争对手的销售干部及员工是否持有公司股票。

股票也是收入的一部分，以华为为例，股票收入可以占到个人总收入的 20%~40%。同时，股票也意味着员工的身份是合伙人，会增强企业的凝聚力，让员工把公司当作自己的企业，长期奋斗，不会轻易离开，也不会轻易被挖走。

华为销售团队的战斗力和公司的激励政策有直接关系。

比如，一个应届毕业生来到华为，如果去非洲工作，他的工资加海外补助一年在 40 万 ~50 万元，工作一年年终奖就有 20 万 ~30 万元。如果他干了 2 年以上有了股票，每年股票分红为 15 万 ~30 万元。这样一个干了几年的员工在非洲工作的年收入就有 100 万元左右，在华为，这只是一个极为普通的案例。

从以上这 8 个方面研究和学习竞争对手的打法，逐一分析，然后得出一系列结论，这就是华为的竞争策略，然后在实战中检验，不断迭代优化，升级竞争策略。

第二章

市场洞察与拓展

市场洞察是战略规划的前提和基础，“5 看”“3 定”是华为洞察市场、制定战略的重要工具。

看到大势：华为市场洞察“5看”

凡事预则立。在战略规划的5步法中，第一步就是进行战略洞察，也就是对市场进行充分研究。

有效、完整的市场洞察要完成对5个方面的研究，分别是看行业/趋势、看市场/客户、看竞争、看自己、看机会，简称“5看”。目的是输出机会点，找到属于自己的战略机会点，抓住战略机会窗。

看行业/趋势

就是看企业所处的宏观环境，分析国家政治与经济的大环境，涉及行业发展政策、进出口政策、税收优惠政策、国内外竞争情况、相关的法律法规，分析行业的上下游产业链，产业链生态发展情况等。

针对企业所处的具体行业，分析行业发展趋势，看行业的市场容量、竞争格局、技术发展情况，以及当地渠道架构、潜在合作伙伴情况等（见图 2-1）。

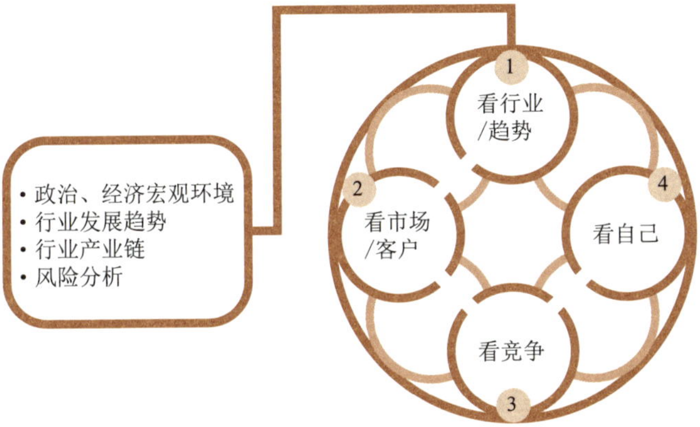

图 2-1　看行业 / 趋势

华为对行业/趋势的研究一直很重视。自 2000 年开始，华为在业务国际化之初，就开始对目标国家的市场进行研究，和驻华使馆、目标国家中国领事馆等机构接触，从相关部门获得商业信息，了解政治、经济、文化、宗教、关税等领域的信息，再落地这些国家。

数通产品线在 2004 年就开始对亚太、拉美、欧洲等地区的国家进行宏观环境分析，从专业的调研机构、协会、国家相应机构等收集信息，为市场开拓做准备。

数通产品线在 2005 年进入印度市场之初，就有工作团队先行进行分析，了解印度的市场容量、印度政府对外资公司以及中资公司的态度、印度 IT 产品的关税等情况。

这些信息使华为在国内就能了解国外市场的情况，做好各种准备，为日后的工作顺利开展打下良好的基础。

同时，市场风险分析必不可少，分析风险是为了规避行业潜在风险，包括行业市场风险、政策风险、环境卫生风险、资金风险等，做到有备无患。

华为做国际市场，考虑的第一个风险就是政策风险，即去这个国家会不会被敌对。华为进入美国市场就受到了排斥，这种排斥来自政治层面，而不是市场层面。

所以，华为要分析目标国家对外资进入的态度和相关政策，对中国企业是否有敌意，在宗教、文化方面和中国是否有矛盾等，尽可能优先选择对中国友好的国家先行发展业务。

数通产品线在 2004 年底经过看行业 / 趋势调研工作，决定第一批开拓的国际市场为亚太区和拉美区，原因就是亚太区、拉美区对中国普遍友好，尤其是亚太区对中国文化接受度高。后来的事实也证明的确如此，华为在马来西亚、泰国发展得比较顺利，在韩国、日本一般，在印尼、印度则不太理想。

看市场/客户

这是指针对潜在行业客户进行调研，理解客户的发展计划，发现客户在企业发展过程中对产品的具体需求，理解客户的痛点和难点，目的在于解决客户问题，为客户创造价值（见图 2-2）。

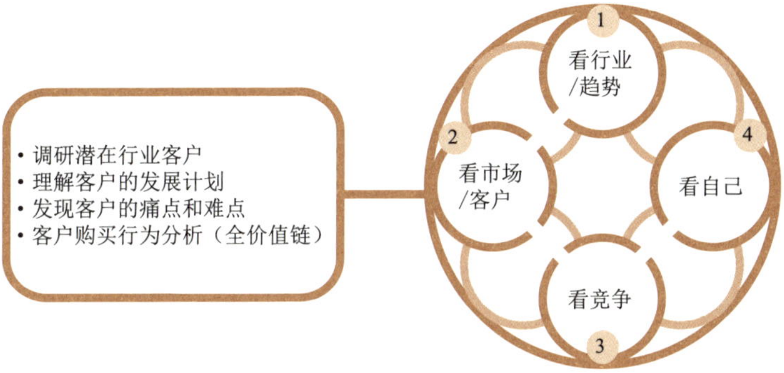

图 2-2　看市场 / 客户

比如，我们都知道中小企业客户的上网需求有明显特征，虽然预算少，但是需求一点也不少。1998—2010 年，大部分公司普遍要求电话拨号上网、宽带上网、Wi-Fi 功能；同时还要求兼顾网络安全，有防火墙功能；为了防止员工上班期间打游戏、看视频，还需要限制每个网络端口的速度，种种需求不一。华为则对这些需求进行全面的调研和分析，逐一增加了这些功能，同时没有大幅涨价，做到物美价廉，被中小企业客户普遍接受。

对客户进行市场调研的方式有很多种，华为成功的实践经验证明，购买行业报告、重点客户访谈、行业专家访谈、行业代理商访谈等方式高效可行，具体方法会在后继章节讲述。

看竞争

看行业 / 趋势、看市场 / 客户是看外部的机会，看竞争是看外部的威胁，是进行竞争对手分析，了解主要对手的情况，了解竞争格局，确定对标竞争对手，向对标的友商学习，学习竞争对手的长处，以便提高自己，同时找出对手的不足予以打击（见图 2–3）。

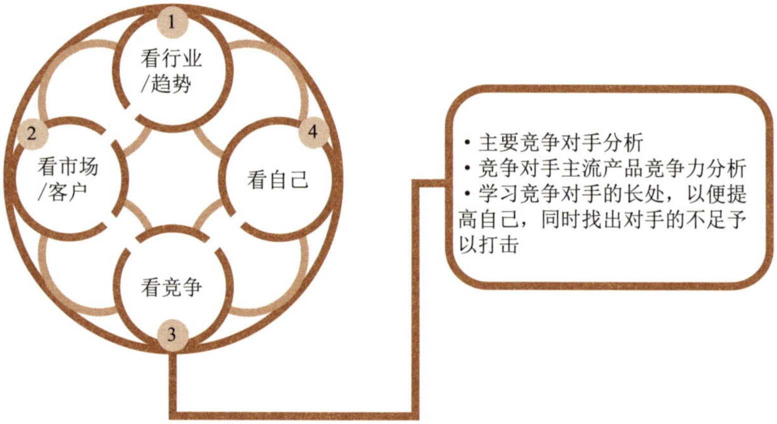

图 2–3　看竞争

华为一路走来，特别重视和强调向竞争对手学习。

在当时的国际市场，思科的产品技术领先，是技术标准的制定者。它开发国际市场的历史悠久，国际化的时间比华为早 10 多年，客户积累多，市场份额高达 80%，处于垄断地位。华为刚到海外，就研究它的营销模式，分析它的客户在哪里、它的代理商是谁、它的解决方案如何、它的市场报价如何等，向它学习，把它当老师。

和思科相比，华为有两个优势，一是价格便宜，二是服务好。

华为就发挥自己的优势。数通有句广告语：“唯一不同的就是价格。”这让客户明白，华为有世界级的好产品，还便宜，以此打动客户，同时向代理商说明，和华为合作利润更高。

华为还突出自己的服务好，客户采购华为的产品，相比外国公司，华为的服务更及时、更贴心、态度更好。

刚刚落地马来西亚的时候，华为只有 3 个人。3 个月之后，有了几个订单，他们就要求总部的技术服务部派核心骨干支援，同时在本地招聘员工，当地的服务部门就有了 10 多人，和当时思科马来西亚公司的服务部门人数大体相同。华为的项目少，为客户服务的人多，注重客户诉求，有什么小问题，只要一个电话就去现场。思科人少，项目多，一个问题往往几天或者一周都解决不了。相比之下，客户对华为很满意，也会帮助对外宣传，再加上华为大力宣传自己的服务好，没过多久，“华为服务好”的形象就树立了。

这些组合手段帮助华为逐渐赢得客户，赢得市场。

看自己

这是指分析自己的优势和劣势，包括分析商业模式、经营状况、运营能力，进而认识自己的商业模式是否需要优化，核心竞争力究竟是什么，竞争壁垒情况如何，经营不足在哪里，战略性短板是什么，短板如何补齐，需要什么资源支持等（见图 2–4）。

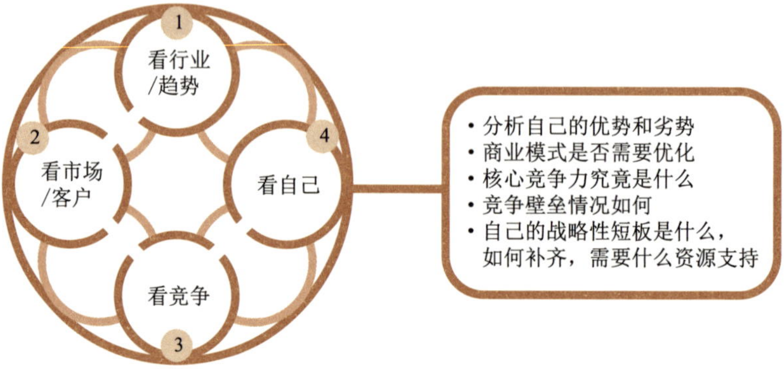

图 2–4　看自己

华为数通产品线的商业模式和思科相比，是一样的，都是高科技公司，研发、生产产品，然后销售产品。华为的企业经营状况也不错，企业运营能力强，只是当时的数通产品线的规模比思科小，市场范围仅限中国市场。

华为的优势是产品好，技术指标不亚于思科，而价格比思科有较大优势；劣势是在海外几乎没有品牌影响力，没有客户基础，没有成功案例，没有代理商渠道，也没有团队，市场基础几乎是一片空白。

华为敢于开拓国际市场的信心就是来自团队，认为自己的团队可以在异国他乡的空白市场建立新团队，发展代理商，建设公司品牌，能够发展客户，拿下项目和市场份额。团队能力就是华为的核心竞争力。

因为华为多年来的实践和事实证明：团队战斗力强，能够一直以奋斗的态度努力工作去赢得市场和客户，能够踏踏实实地从零开始，一个项目一个项目地做，一个客户一个客户地积累，这种团队即使放在海外市场，也会有灿烂的明天。

事实证明，在团队的努力下，华为克服困难，从2004年开始，花了4年左右的时间，在国际市场打下了一片属于自己的市场，市场份额平均10%以上。

2019年，谁也没有想到中美之间的贸易争端日益激烈，使得美国宣布进入紧急状态，出台一系列政策打压华为，限制华为的美国供应商和华为合作，停止供应各种芯片。这对华为来说是个很大的挑战，如果华为应对不力会有灭顶之灾。

其实，华为早在15年前就做好了准备。2004年，华为成立海思半导体公司准备自己的芯片设计，准备自己的操作系统，把自己的产品供应商备份，绝不独家，以免受制于人。这些措施就是华为在战略上看到了自己在芯片设计方面的短板，认识到了自己的危险所做出的重要战略。15年后遇到美国政府的打击，华为能沉着应对，渡过难关，立于不败之地。

看机会

看机会是指通过以上4步，了解外部机会和威胁，思考内部优势和劣势，发现新的战略机会窗，确定新的机会点（见图 2–5）。

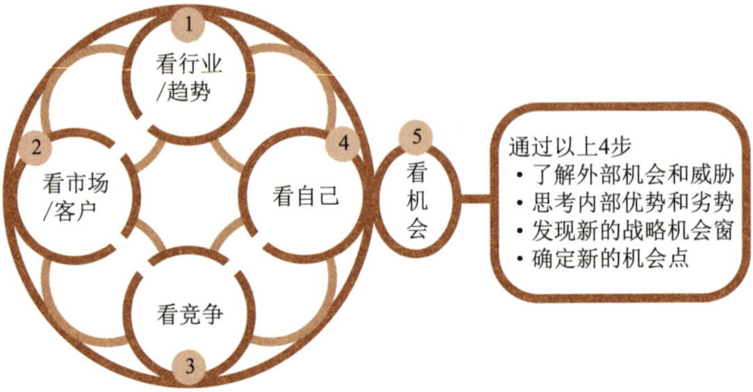

图 2–5 看机会

2000 年，华为在国内市场发展缓慢，国际市场则是一片空白，而且市场空间巨大，外部是有机会的。同样，开辟新的市场也有种种困难和不确定，这就需要分析走向海外是否可行，是否利大于弊。

华为通过分析发现，在国内能和友商竞争，走向海外，不至于一定失败。华为的优势和劣势是什么呢?

优势是产品有一定的竞争力，价格优势明显，服务相比其他竞争对手也更好。

所以，总体判断就是虽然做国际市场肯定会有困难，但也是可行的。自 2000 年开始，华为就正式开始规模化的海外市场开拓，到 2005 年，国际市场销售额为 240 多亿元，占公司总体销售额 50% 以上，这证明当时的战略决策是对的。

战略洞察阶段的重点工作，是要对目标行业和潜在客户进行全面分析，了解客户的需求，明白客户的痛点，明白什么样的客户才是华为的客户，找到客户群体的普遍规律，就是客户画像。

描绘出客户画像以后，对目标行业进行市场调研。市场调研的具体方法和手段，我们会在后面的章节讲解。

调研工作和市场拓展工作有助于画出行业地图，明确目标客户在哪些行业，具体有哪些，进而整理和归纳客户名单，达到对行业市场的认知，对行业潜在客户的认知。

据笔者这些年来辅导企业的经验和观察，很多公司对市场洞察了解很少，基本上是凭感觉做计划，公司的业务发展既没有战略规划的牵引，也没有市场洞察，结果就是没有数据支撑，做决策不准确，公司的发展十分缓慢，管理水平提升速度缓慢，这些都是亟待解决的问题。

市场突破：华为市场拓展“8法”

上一节我们讲了市场洞察的“5看”，那么如何获得更具体的市场数据，进一步进行市场拓展呢？本节我们会讲解华为经常使用的8种方法（见图2-6），这是华为在ToB市场实践中的经验总结，结果证明行之有效。

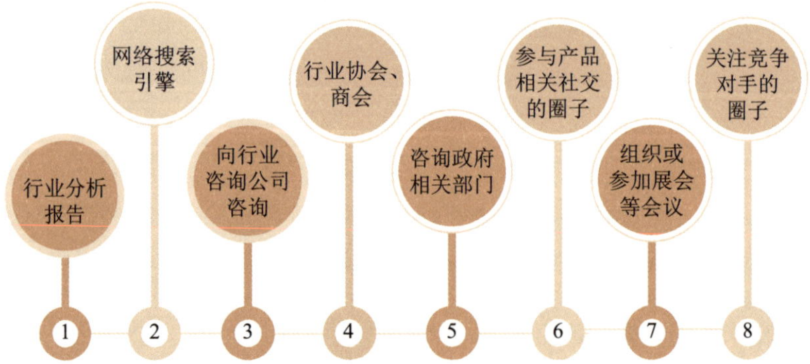

图2-6 华为市场拓展8法

行业分析报告

“用数字说话”更有信服力。市场调研需要了解目标行业、目标区域的基础信息和数据走向，例如，市场容量、客户分布、产品性能对比、技术发展趋势等。

不少企业遇到的问题是，这些工作如果自己从头开始做，时间来不及，费用出不起，准确性很难保证，总的来说难度很大。

实际上，自己做完全没有必要。

不同行业、不同地区都存在很多调研公司、相关事业机构、第三方服务机构等，它们的工作内容就包括对行业进行了解，已经是一个成熟的生态圈。而且它们已经存在多年，早就已经做了相关数据的调研整理和分析。可以直接找到这些机构购买现成的报告，省时省力。

注意，行业报告这一方法的目的是使我们大体上对市场情况有个初步了解，有个框架上的概念。这些数据可能存在不全面或针对性较弱的问题，但只要这些对前期市场拓展有帮助，就可以暂时忽略。

2004 年，笔者在华为国际部工作的时候，要调研东南亚市场的情况，首先就购买了国际数据公司关于马来西亚的市场报告，了解了马来西亚市场的 IT 产品市场份额、主要竞争对手的销售额、团队人数等信息。后来在实际开展工作的过程中，华为发现这些统计数据其实并不是很全面，但是数量级可以，能帮助华为了解大致情况。

网络搜索引擎

不管是客户还是竞争对手，它们的很多市场活动都会在网络上进行报道，而且一般都是重要事件，所以在网络上可以找到相关信息。

华为一般使用关键词或者关键词组合进行搜索，能够初步获得第一层信息。然后再从这些信息里面找到更多的细节，梳理出新的关键字和关键字组合，进行第二次搜索，甚至第三次、第四次搜索，一层一层地逐渐深入剖析，就能离华为需要的信息越来越近，得到的有效信息也越来越多。

笔者在马来西亚开拓市场的时候，需要了解竞争对手思科的情况，就搜索“思科 + 市场活动”“思科 + 代理商”“思科 + 媒体”等关键词。

出于市场宣传的需要，思科一定会发布活动、新闻等宣传信息。只要有动作，就会在网络上留下痕迹。

通过搜索，笔者看到了思科在某年某月在哪里举行了什么市场活动，针对哪个行业，有哪些客户参与，是和哪个代理商举行的，是和哪个媒体合作的。

华为就可以参照它，做类似的市场活动。比如，华为也可以去找这类媒体公司或者相关媒体公司。更关键的是，华为知道了它的代理商是谁，目标行业是哪些，以及它的客户分布和类型，就可以有目的地接近它的代理商以及客户。

向行业咨询公司咨询

行业咨询公司一般都在当地市场发展多年，有人脉，有经验，它们不仅可以提供一些基础数据，还能提供更多的服务建议。例如，在这个市场如何做更有效，哪些手段更好，哪些资源更有利等。

比如，华为在拓展国际市场的过程中，在当地国家的基础都是一片空白，于是就找一些咨询公司建立联系。通过拜访会谈，交朋友，它们能从不同的角度给予华为比较好的咨询建议，而且通过它们还会认识更多的朋友，慢慢建立客户关系，这对业务发展是有帮助的。

笔者在马来西亚开拓市场的时候，对当地情况了解不多，就通过查号台，找到马来西亚的麦肯锡公司，邀请它谈合作。它很积极，第一次会议就派来 8 个人，华为代表处当时才 3 个人。通过两周的准备，麦肯锡给出了初步咨询方案。虽然最终由于价格、时间周期等原因没有达成合作，但是它前期给出的咨询意见对我们依然是很有价值的。

从它前期的咨询方案中，笔者初步了解了马来西亚的几大 IT 中心城市、总代理商大概在哪几个阵营、总代理商的势力范围等。这些信息使笔者明确了下一步的工作重点就是尽快搞定国家总代理商，也更加坚定了笔者的信心。

笔者现在做咨询顾问，经常给一些公司做营销方面的辅导，帮助它们确定营销策略、建设销售体系、提高销售队伍的能力等。一般来讲，效果还是不错的，可以让客户少走弯路，提高能力，推动业务发展。

行业协会、商会

一般来说，每个行业都有自己的行业协会，它们是该行业民间的或者半官方的组织，而且市级、省级、国家级都有。

这些协会拥有该行业的众多客户单位。我们做市场调研的时候可以找到这些协会，它们有自己的秘书处，也有协会会长、秘书长等。

这里有 3 个小技巧帮助你用好行业协会。

第一，通过协会秘书处或者会长可以快速了解这个协会有多少会员，哪些会员的公司发展较为突出，发展情况如何等关键信息。

第二，协会也会经常组织一些活动，组织活动的时候往往有很多会员参加。协会举办的活动一般赞助费也不高，通过赞助它们的活动可以一次性地认识很多行业的客户。

第三，用地区商会开拓地方客户。商会一般是区域性的，例如，浙江商会，商会里面就是在当地做生意的浙江人。同样，通过商会秘书处或者会长，了解这个商会有多少会员，哪些会员优秀，会员的发展情况等，可以比较快地了解情况。

华为在市场拓展时经常采用上面手段的组合拳，通过认识协会、商会，和它们联合做活动，一次活动可以认识很多潜在客户，事半功倍。

2005年，笔者签约了马来西亚某大型IT代理商为国家总代理商，并在当地一家五星级酒店组织了一次大型活动。总代理商邀请了当地约200家IT集成商，200多人出席会议。华为抓住机会，与很多人成了朋友，并在会议上宣传了华为的产品，发布了合作政策，树立了华为的品牌形象，为以后工作打下了基础。

咨询政府相关部门

一般来说，公司的产品都会分属于政府的相关部门。例如，农业产品归农业口管理，工业产品有工信部，科技类产品有科技厅、经信委等。

主管的政府部门会制定和发布相关政策，对企业来说，可以得到产业政策上的指导，也可以得到优惠政策的扶持，在税收、补贴、厂房、物流、市场信息等方面有实质性帮助。

华为云这几年大力发展，在全国各地纷纷建设了云产业基地、大数据中心等，这都和当地政府的政策支持分不开。

总之，有困难找政府，就能得到一定程度的帮助。提供相应的市场情报，更是政府部门的强项。

作为主管部门，它有多年的权威的统计数据积累，这些数据有助于企业对细分市场进行了解。

2004 年，华为开辟国际市场，都是首先拜访相应国家的中国领事馆，和经参处等机构的公务人员联系，他们会介绍当地的市场情况、竞争情况、代理商情况等，于是华为能够得到比较直接的市场信息。

例如，华为人员一到马来西亚，就在公司总部的帮助下，和中国领事馆取得联系，和经参处的工作人员见面。他们很热情，介绍了 IT 市场的大概情况，电脑城在哪里，思科的活动情况等，还介绍了他们认识的朋友和代理商，甚至帮忙办理了经领事馆盖章生效的国际驾照，这样华为人员就可以在马来西亚开车了。

和政府部门打好交道其实并不难，只要接触几次你就会发现，如果你的企业做实事，它们是非常愿意提供帮助的，这也是它们的工作，同时，企业做好了也是它们的政绩。

参与产品相关的社交圈子

每个产品或者服务都会有比较紧密的多年形成的小圈子，有的是客户的圈子，有的是厂家的圈子，有的是代理商的圈子，有的是该产品的产品经理的圈子、销售经理的圈子等。

例如，华为产品代理商有个小圈子，经常聚会。同样，竞争对手的代理商也会有小圈子，经常讨论行业的发展。

华为在市场调研阶段，很重视认识的第一个代理商。和这个人的关系处好以后，就可以通过他进入他的小圈子，接着就可以认识很多相关人员，如客户和相关从业人员。

比如在国际市场的开拓过程中，可以通过朋友介绍、政府部门推荐等形式，认识几个朋友。一般在一个月以内认识第一拨客户，然后通过他们牵线搭桥，分别组织聚会、沙龙等联谊活动。

这样，在第二个月，我们就可以通过几次聚会，再认识一拨朋友，再通过新的朋友，继续举办各种小型聚会，集中发展人脉。一般在第三个月，就拥有一批经过筛选的对我们有用的朋友了，也意味着我们的客户关系开始生根发芽了。

进入圈子这个方式，比较有用，因为一旦进入某个小圈子，就可以认识十几人、几十人，可以快速发展人脉。

华为在马来西亚、印度、韩国等国家经常采用这种方式，如在晚上举办烧烤篝火或者西餐红酒会，一次有十几位朋友，一边吃饭，一边聊天，能认识很多朋友、客户。

组织或参加展会等会议

自己组织展会或者参加展会、发布会、技术沙龙等，同样是进行市场拓展的有效方式。

展会有两种。

一是自己组织的展会，也就是自己的主场，比较容易树立自己公司的形象。这个时候不管是发布产品还是跟客户沟通，都非常有优势，有利于让客户了解和信任。

二是参加展会，展会上有各家相关公司，本来它们的目的就是展示自己，在这个场合和它们攀谈，它们还愿意说更多的信息，愿意交流，比起专程登门拜访效果还好。在展会上认识之后，再预约以后的见面，效果比陌生拜访更好，从不认识到成为朋友。

展会有很多家公司参加，从几十家到几百家不等，参加一次展会，可以在短时间里认识数十家公司，交换名片，交流产品和技术。平时拜访公司，都是一家一家跑，很辛苦。这时，会有很多公司在这里列队等候，等你过来交换名片。

华为经常参加各种展会，在展会里面，可以了解竞争对手的很多信息，认识很多相关的朋友，高效进入各种圈子。

除了展会，还有技术交流会、红酒研讨会等形式。这种活动规模小，一般几十人左右，举办起来比展会容易，人少，谈得透，氛围活跃，有社交功能。

笔者以前在马来西亚、印度都举行过各种展会、红酒会等，效果不错。有一次，我们在新德里的一家五星级酒店举行小型产品说明会，来了 100 多人，抽奖赠送中国画册、U 盘等礼品，现场的印度朋友非常高兴，气氛热烈。出乎意料的是，活动结束之后，他们都非常高兴地过来交流，同时邀请我们参加他们举办的晚宴，并去他们公司参观交流。这让我们比较快速地打开了局面。

关注竞争对手的圈子

市场拓展一定要注意这个手段，非常有效。

竞争对手是老师，他们在市场处于领先地位，有需要学习的地方，例如，他们的客户在哪里，是怎么开拓的，他们如何维护和客户的关系，他们的代理商是谁，给予代理商什么样的政策和支持，他们的价格策略等。

可以有目的地接近竞争对手的圈子，例如，竞争对手的代理商、竞争对手的员工等。竞争对手的代理商也不是铁板一块，一部分也同样在寻找新的机会和合作伙伴。这时，就看我们能不能抓住机会，促成新的合作。

在马来西亚的时候，思科的银牌代理商有 5 家，笔者通过思科的网站找到他们的联系方式，直接打电话，依次拜访。后来，有 3 家愿意和我们合作，因为我们能给予对方金牌待遇。他们过来之后，直接把手上的客户转给华为，使用华为的产品，还继续介绍客户，使得我们的市场持续发展。

以上这 8 种市场拓展方法分别适用于不同的场景。

行业分析报告可以在市场调研的早期使用，通过报告初步了解市场情况，适用于看行业/趋势阶段。

网络搜索引擎则适用于针对具体信息的收集和整理，有目的设计关键词组合进行搜索，得到针对性的信息，适用于看市场/客户阶段。

咨询公司法、政府相关部门可以得到直接的信息，比较快速、高效，可以同时用于看行业/趋势与看市场/客户阶段。

行业协会、商会法、竞争对手的圈子、产品相关社交圈子、展会等会议有利于认识更多的人、拓展关系，适用于看竞争阶段（见图 2–7）。

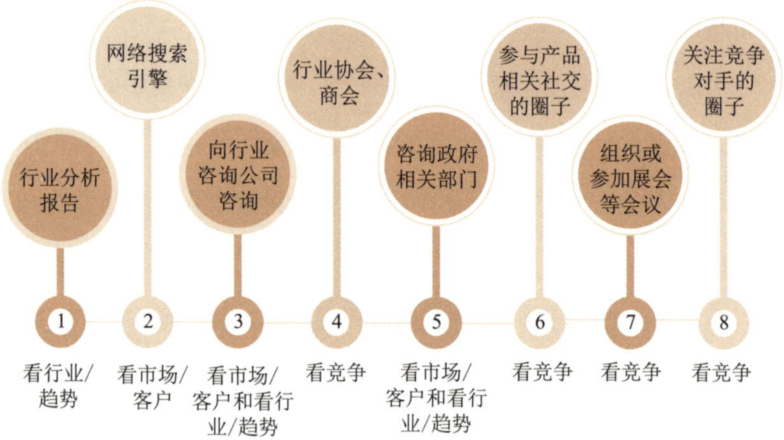

图 2–7　市场拓展 8 法对应“5 看”

构筑壁垒：华为战略制定“3定”

在对市场进行充分调研，了解市场情况做出判断后，接下来就要进入战略制定阶段。战略制定分三步走，分别是定战略控制点、定目标、定策略。“3定”的目的是输出战略规划。

定战略控制点

举几个例子，富士康的战略控制点就是成本优势。作为专业的生产制造厂商，在其他方面和竞争对手相比，它的优势并不明显，但是在成本控制方面，它比其他厂家的成本低15%左右，这就是巨大的成本优势，使得它成为该领域的第一。

英特尔的战略控制点就是技术优势，它的技术发展总是比竞争对手快6~12个月，总是提前一步发布新产品，引领市场发展，决定市场的技术选择。

华为的战略控制点就是它的研发能力和营销能力。它能够依靠自己的研发队伍，锲而不舍地研究，最终形成自己的产品能力。华为有句话叫“板凳要坐十年冷”，就是要求研发人员耐得住寂寞，要坚持，目标是至少十年的长期发展，这也是华为的核心企业文化之一。

华为手机就是个典型案例，坚持了10多年，从默默无闻到不温不火，一直到Mate 7才火。Mate 7就是华为一路以来坚持研发，发挥自己研发优势的产物，它已经是Mate系列的第三代产品。在产品规划阶段就做了4万多个样本的消费者调研，目标人群定位为商务人士，通过调研得出客户对大屏、续航、安全有明确要求的结论，然后组织研发攻关，有针对性开发了EMUI操作系统、大电池、指纹、高屏占比、金属机身等特性来满足他们的需求。Mate 7一炮打响，销售过百万台，树立了华为Mate系列手机的高端商务形象。

同时，华为有一支强大的使命必达的销售团队，这支团队被外界誉为“华为的狼性团队”。这支狼性队伍团结一致，战斗力极强，在市场一线攻城拔寨，赢得市场和客户。

华为的国际化之路是十分艰难的，在一个国家往往是几年下来才有点成果。这支队伍从几个人下飞机到一个陌生的国家，在异国他乡坚持奋斗，持续努力，队伍不断壮大，成绩越来越好，一个项目一个项目地突破，为公司赢得了市场，赢得了未来。

华为公司团队就是典型的“两头大”，研发队伍占40%，销售队伍占 35%，这两支核心团队成了华为的战略控制点。

所以，企业制定战略的第一步就是分析自己的核心优势和战略控制点，明确如何突出自己的优势。

定目标

定目标有两个原则。

一是要注意结合公司的愿景和使命。战略目标的起点和基点就是为了实现公司的愿景和使命。

华为公司最早的愿景是“丰富人们的沟通和生活”。1996 年制定的《华为基本法》里写道：华为的追求是在电子信息领域实现顾客的梦想，并依靠点点滴滴、锲而不舍的艰苦追求，使我们成为世界级领先公司。公司的战略目标就是围绕“如何实现公司成为世界级领先公司，实现客户梦想”而制定的。

二是要注意目标是否合理。

虽然 1996 年的华为目标就是成为世界级公司，但是它的战略规划从来没有写 10 年内就实现，因为确实不现实。2005 年以前，华为一直为如何活下去焦虑，因此公司的战略目标就是活下去。

公司的愿景和使命是希望达到的远方，它不是近期目标。

战略目标是解决现阶段问题，是路标，引领公司一步一步向前发展，在可以预见的 3 年，制定可达到、有挑战的目标。

“丰富人们的沟通和生活”这个愿景指导华为走了 30 年，指引华为成为通信领域的世界第一。

30年后的2019年，在华为达成这个愿景之后，将愿景确立为“构建万物互联的智能世界”。公司在这个新愿景的指引下，制定了未来3年的战略目标。

另外，目标也是可以不断修正的。因为刚开始也不见得就能全面了解情况，就能够把目标定准。就像2005年，数通国际部在国际市场拓展之初，对于国际市场销售并无经验，也是拍脑袋定任务，给亚太区定了1亿美元的销售目标。当时亚太区各个国家的团队刚刚落地，队伍都是几个人，还没有开始大规模招聘，一切都是从零开始，最终实际完成情况并不理想。第二年，国际部就慢慢掌握了情况，有了经验和案例数据，根据实际情况做了调整，目标定得越来越合理。

定策略

在定策略之前，我们要在确定自己核心优势的基础上，先研究竞争对手，研究业界第一流的竞争对手，把它们当老师，学习它们的长处，发现差距，发现自己的短板，想办法弥补，同时，找到自己的核心优势，放大优势。前期采用跟随策略，后期则要想办法超越。

华为30年来以来就是这样做的。

1993年，2000多人的民营企业华为刚刚自己做出质量勉强可用的万门程控交换机。当时的中国，摩托罗拉、诺基亚、贝尔、朗讯、西门子这些大名鼎鼎的世界巨无霸高科技公司垄断了整个市场，华为和这些公司之间的差距可以说是天壤之别。

由于华为公司小，没有品牌，同时产品技术也一般，在城市的运营商市场没有人敢采购，一台机器也卖不出去。华为就避开城市，来到农村，发挥自己价格便宜的成本优势和服务优势。这就是华为的战略控制点，“农村包围城市”就是华为的策略。

农村市场不被竞争对手重视，不来农村，觉得远，条件差，单子小，工作辛苦，认为在城市就会有足够的订单，就忽略了这个市场，而华为只能做这个市场。

华为在农村市场深耕，对农村客户极为重视。

以华为的服务优势为例，华为的团队能做到24小时响应，能迅速到现场解决问题，从深圳坐飞机直接到客户现场是常有的事情。工程师带上笔记本，现场可以改代码，也可以立刻换新机器。这些服务在很大程度上弥补了产品质量的问题，农村客户就这样逐渐接受了这家条件不太好，但是注重服务的“土八路”公司。

1995年，“村村通工程”让华为斩获15亿元。有了一点小成绩，华为开始进入城市市场，逐渐发展。

华为的策略非常明确，就是以自己的成本优势和服务优势作为自己的战略控制点，这造就了华为第一个快速发展的阶段，实现了早期“活下去”的战略目标。

21世纪初，华为进入欧洲市场进行拓展，欧洲是GSM（全球移动通信系统）、3G（第三代移动通信系统）技术发源地，当时有阿尔卡特、爱立信、西门子、诺基亚4家电信设备巨头垄断了欧洲市场。初出茅庐的华为非常不被看好，很多欧洲人甚至将华为当作一家骗子公司，不给华为半点机会。

也就是在那时，华为认识到，只靠产品便宜、服务好不行。在国际市场，唯有创新和质量超过对手，公司才有机会叩开欧洲市场的大门。

当时，荷兰有4家运营商，最小的一家叫Telfort，它购买了一张3G牌照，准备建网。但它遇到了一个难题——机房空间很小，摆不下第二台机柜。那时，Telfort采用的全网设备都是诺基亚提供的。

Telfort找到诺基亚说："能不能给我们开发一种小型机柜，以便我们的3G机柜也能放置进去。"诺基亚说："不好意思，我们没有这种产品。单独给你们开发规模又太小。"碰壁后，Telfort找到当时的市场老大爱立信，并表示愿意扔掉全网诺基亚设备，跟爱立信合作。爱立信说："对不起，我们不可能为了你改变产品研发路标。"同样，在爱立信眼中，Telfort是个小客户，也不被重视。

2003年，Telfort在快要破产的情况下，遇到了华为。华为在欧洲的拓展团队听说这件事后，特意上门拜访，打探对方到底遇到了什么困难。Telfort当时也不相信华为，只不过自己走投无路，死马当活马医，才没有拒绝华为。了解完情况后，华为想到了一个解决方案——分布式基站——基站室内部分做成分体式空调那样，体积只有DVD一般大小，然后把大部分的功能放到室外。Telfort对此半信半疑："你们说得这么好听，基站说分就能分，说合就能合吗?”

华为承诺:“给一个机会，我们可以做到。”8个月后，华为的分布式基站终于诞生了。凭此，华为进入欧洲的梦想终于变成现实。然而，没过多久，当地第一大运营商荷兰皇家电信（KPN）收购了Telfort，而华为则付出了沉重的代价——全网设备被扔掉。市场一线人员、研发人员、交付人员，费尽千辛万苦才盘下的一个项目，说没就没了。荷兰皇家电信的逻辑很简单——无线网络不是设备做得漂亮就可以，关键得有用户，且很多人用起来不会出问题。所以，它没有给华为分布式基站的试验机会，认为那是一个冒险。

经历这次沉重打击，华为在欧洲市场的拓展又耽搁了两年。2006年，当时世界第一大运营商沃达丰遇到一个困难，它在西班牙的主网，竞争不过当地龙头Telefonica。这时，沃达丰想到了华为有个分布式基站。沃达丰觉得，可以给华为一个机会，但它告诉华为，只有一次机会。华为也知道，一旦沃达丰否决了华为的分布式基站，今后在欧洲就再也没人相信华为了。不成功，便成仁。

幸运的是，华为这一战打胜了。沃达丰采用华为的分布式基站，在指标方面超过了Telefonica。此后，华为逐渐进入欧洲客户的认知，在欧洲市场慢慢打开局面。分布式基站的第一发明人，就是华为企业消费者业务CEO余承东。这一发明，让华为抓住了市场，并在欧洲划出了一道口子，实现了市场突破。到2007年，华为靠分布式基站陆陆续续斩获大单。这次技术突破，一举奠定了华为无线的优势地位，风卷残云般横扫整个欧洲市场。2010 年之前，华为无线花了多年时间，在西欧市场取得 9% 的份额。两年后，华为的市场份额飙升至 33%，居欧洲第一。

30 多年来，华为一直在向竞争对手学习，采用跟随战略，一直到今天成为通信行业世界第一，实现了从跟随到超越。

定战略控制点、定目标、定策略是华为制定战略极为重视的一环，是战略规划的重要一步，值得深思和借鉴。

第三章

品牌价值与市场探索

市场活动是实现销售的重要前提，华为从市场活动到销售线索流程展现了华为开展 To B 市场活动的能力。

用品牌撬动更大市场

品牌是什么？品牌是连接企业的主观努力与消费者客观认知的桥梁，它是消费者对产品印象的总和。

品牌的本质就是“如何在消费者心中拥有一个名称”，在客户的心智中占领一个位置。

让消费者记住品牌的差异就是企业最伟大的胜利。

1969年，杰克·特劳特首先提出“定位”战略，掀起了第三次生产力革命。定位理论强调，避开竞争对手在顾客心智中的强势，或是利用其强势中蕴含的弱点，在顾客心智中寻找针对竞争对手而言最具优势的位置，从而使品牌胜出，在竞争中赢得优先选择，这就是定位的意义。

定位要求企业选择细分领域，在细分领域有独特的差异化优势，以确立优势地位，树立品牌。

那么，如何进行品牌定位呢？有以下 4 个步骤。

市场洞察

市场洞察，即分析整个外部环境，通过市场洞察看行业、看市场、看竞争，了解“我们的竞争对手是谁，竞争对手的价值是什么”；然后通过看自己、看机会，了解在哪些方面是对手强势，哪些方面是我们强势，也就是我们前面讲过的，通过市场洞察的“5 看”，寻找有独特优势的位置。

确立品牌定位

定位要避开竞争对手在顾客心智中的强势，或是利用其强势中蕴含的弱点，确立品牌的优势位置。

华为手机是从 2011 年开始发力的，当时国际竞争对手就是苹果、三星，国内竞争对手是小米。

相比苹果、三星而言，当时它们的市场份额接近垄断地位，被消费者普遍接受，处于绝对强势地位。

而华为是给国际运营商做贴牌手机起家的，没有自主品牌，一切都是从零开始，那么全面对抗肯定不现实，只有选择细分行业。

华为的优势就是研发实力和资金实力，虽然当时技术不行，但是有基础，需要时间赶上来，短板是没有品牌，只能一步步开始建设品牌。

通过市场洞察分析，华为 Mate 系列手机选择了商务人士这个细分市场。和苹果、三星相比，华为手机明确提出自己的价值主张，强调为商务人士服务的定位，占领客户心智。

同时，相比小米而言，华为则强调了高端机的高大上形象，Mate 系列手机的定价高出小米手机一个台阶，平均每款机型高出 1000 元以上，在用户层面的选择不同，和小米追求性价比的形象做了区分。

为定位提供可靠证明

为定位提供可靠证明就是要证明自己选择这个定位是可以做好的。

华为 Mate 系列手机专门研究商务人士的需求，从电池续航、外观、材质选择、美化摄影等方面进行了持续优化。从 2014 年发布 Mate 7 到 2020 年发布 Mate 30，质量越来越高，得到消费者的广泛好评，Mate 30 发布 70 天就销售了 700 万台。

华为手机国内市场份额从零起步，到今天高达 30% 以上。2019 年，华为在全球销售 2.3 亿部手机，占全球市场份额 15% 以上，世界排名第二，已经超越苹果手机。

全面贯彻品牌定位

全面贯彻品牌定位就是将品牌定位工作整合进企业运营的方方面

面，对内想好如何做品牌，对外做好市场宣传、广告推广等营销活动，把品牌形象植入顾客的心智。

华为手机自从2011年定位商务人士以后，艰难探索，由市场部牵头，联合研发部门、产品行销部门讨论下一款手机的品牌定位和广告设计，研发部门介绍下一款手机的设计思路、技术优势、技术参数，介绍与竞品相比的优势、劣势，亮出家底，供市场部学习参考。产品行销部则从市场营销角度出发，介绍华为在全球各大洲包括中国市场的手机销售情况、市场数据以及竞品销售数据，让市场部了解最新的市场情况；介绍市场的领先对手是如何做市场宣传与广告推广的，它们的主打产品销售情况如何，与之相比，华为在营销方面的优势和劣势，包括华为的销售渠道覆盖、销售渠道能力等。

市场部结合研发部门、产品行销部门的信息，首先确定产品的广告设计思路，然后邀请世界级的广告设计公司参与设计华为手机的广告推广方案，方案确定以后，市场部设计全球市场的推动活动计划并落地实施。

2012年，华为开始制作一系列广告，在美国消费电子展、西班牙移动世界大会、英国伦敦、德国柏林做了一系列发布会。尤其是2014年在法国巴黎发布Mate 7手机，推出“爵士人生”广告，突出了优雅的商务人士形象，产生了不错的影响，树立了华为手机高端商务的品牌形象。

2014 年发布 Mate 7 以来，华为在国内市场首先击败了三星，三星手机在中国的市场份额从 20% 多急剧下降到 2020 年的 1%，几乎消失。

这就是华为 Mate 系列手机成功的故事。

还有一个案例就是数通产品线。

华为的数通产品在国际上的竞争对手是思科和 3Com，但 3Com 的管理能力比华为弱，所以华为将竞争目标投向了思科。

当时华为在国际市场投放了一个著名广告，引起轰动。

这个广告以思科的老家旧金山的金门大桥为背景，广告画面里有思科的路由器，广告语是：“我们和它们唯一的不同就是价格。”

思科公司的 Logo 就是金门大桥，所以这个广告直接瞄准思科，在美国市场引起较大的舆论关注。

通过这个广告，我们可以看到，当时华为数通产品的定位，就是与第一名的思科正面竞争，突出自己的优势——成本优势，使得客户意识到，原来还有一家中国公司也有数通产品，“唯一的不同就是价格”，那就是质量接近，但是价格便宜。华为由此确立了世界一流、价格合适的高大形象，进入用户的心智，树立了自己的品牌。

总之，品牌是企业成功发展的重要基础，要建设品牌就要首先做好品牌定位。

品牌定位完成以后，企业进入品牌建设阶段。

首先我们要明确，品牌建设是一个战略过程，它不仅仅是市场人员、广告人员的事情，而是需要全体成员参与，共同塑造和维护品牌形象。

品牌建设有 3 个要素，分别是品牌理念、品牌传播和品牌管理（见图 3-1）。

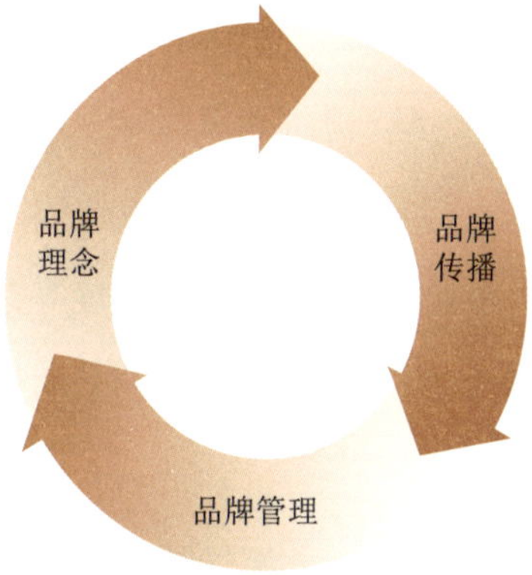

图 3-1　品牌建设 3 要素

品牌理念

品牌理念主要包括品牌愿景、品牌核心价值、品牌定位、品牌口号等（见图 3-2）。

好的品牌一定有清晰的品牌理念体系。

品牌愿景就是企业品牌的未来蓝图和终极目标，品牌愿景以公司愿景为基础，突出企业对消费者的长期承诺，是品牌定位和个性形成的基础。

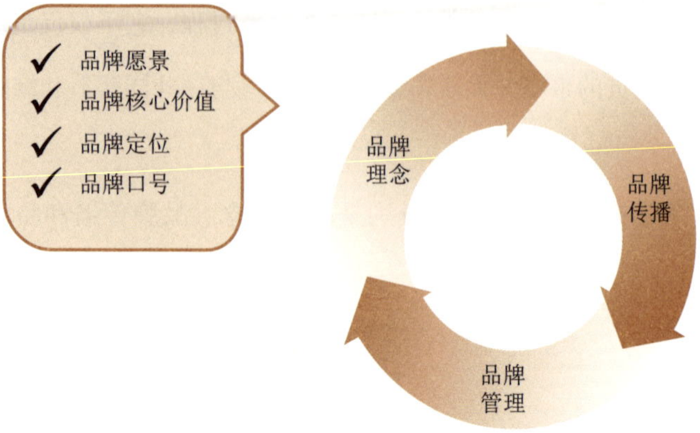

图 3-2 品牌理念要素

基于品牌愿景，企业再从组织文化、制度等方面协调组织内部的所有行为，运作市场活动，塑造品牌，在愿景的指导下达到观念、行为、策略的一致性、协调性。

例如，华为在 2017 年以前的愿景是“丰富人们的沟通和生活”，当时公司的定位就是聚焦于通信领域。在实现了这个愿景以后，2017 年 12 月，华为的愿景更新为“构建万物互联的智能世界”，开始了新的追求。

华为的愿景是实现客户的梦想，为客户创造价值，定位是成为世界级领先公司，提供世界一流的产品和服务，就需要对外体现这个理念的具体实现形式，体现这个形象。

因此，华为要求所有员工体现高素质、职业化、专业化，要求所有的产品和服务体现高质量、高水平，要求所有的活动显得高端大气上档次。

比如华为每年都要参加巴塞罗那世界移动通信展，它的展厅是最大的，参展工作人员多达几百人，还特意从客户工作部抽调 100 多位优秀讲解员飞往西班牙现场支持，吸引了几万名客户参观。

对中小型企业而言，预算有限，当然也有预算有限的做法。可以组织小型展会，可以参加展会，可以举办各种小型商务活动等。品牌建设不在于费用多少，贵在找到适合自己的做法，贵在坚持，持续地向市场传播品牌形象。

品牌传播

品牌传播体系包括两部分：一是传播内容，二是传播渠道（见图 3–3）。传播内容是可以进行传播的素材、理念、文案、活动、话题等。确定好传播内容后，就要寻找传播渠道，传播渠道分为线上和线下。线上传播渠道主要是网站、博客、微博、播客、微信、论坛等，线下传播渠道主要是杂志、报纸、户外媒体、展会、沙龙等。

To B 产品和 To C 消费类产品的品牌建设是不同的。To C 消费者的特征是决策简单，个人喜欢了很快可以决定；To B 客户则不同，其购买要经过管理层、采购层、技术层、使用者等多个角色，且都可以发表意见，所以 To B 的品牌传播要考虑影响客户的各个方面，具体会在下一节阐述。

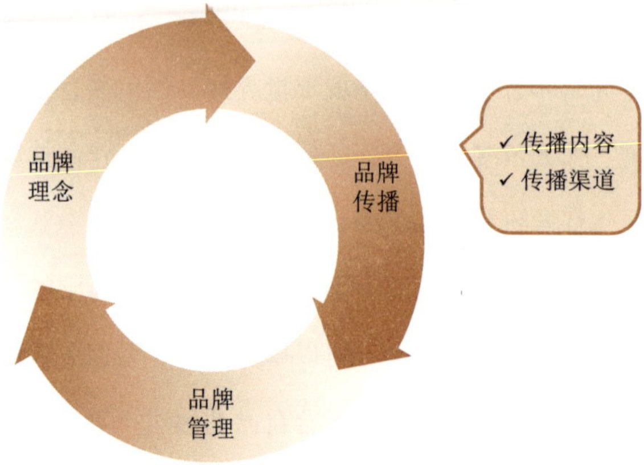

图 3-3 品牌传播要素

品牌管理

品牌管理包括品牌组织、品牌管理制度和品牌执行（见图 3-4）。

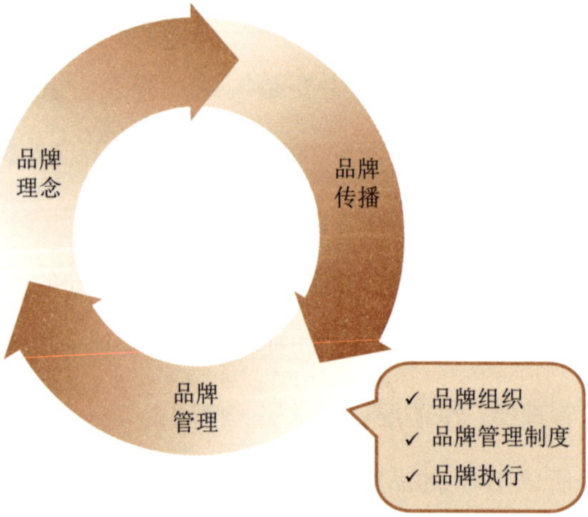

图 3-4 品牌管理要素

品牌组织是指由谁来开展品牌工作，一般是由公司的市场部或者品牌部门负责。品牌管理制度是指设计规则，让品牌宣传有整体一致的行动。品牌执行是指通过定目标、定策略、定预算、定计划 4 个层面的控制，让品牌任务有效达成，在寻找到各种品牌资源以后，执行计划，通过品牌传播使品牌形象走进消费者的心智。

华为公司的品牌工作由总部的市场部来负责，它每年年初制定年度宣传预算和公司总部的品牌工作规划，然后品牌工作分解到各个产品线，由各个产品线再次优化方案，产品线的市场部再落地实施，每个季度评估效果，每年优化迭代。

比如，国际部下设市场部，市场部对全球各大区域的代表处的市场活动进行指导和支持，每年年初在市场预算审批下来之后，它就制定全年的活动规划，开始推动一线代表处落地执行。在执行过程中，市场部会安排市场人员到现场支持。亚太区的活动一直会有来自总部和香港办公室的同事到现场支持，他们在现场主持会议，把握活动节奏，很专业。

每次活动之后会评估效果，如果发现活动的主题设计和价值主张与一线的现实不符，市场部和一线代表处经过讨论也可以及时调整年度活动规划。市场部很重视一线员工的意见，会按照一线的实际情况设计市场活动。

全球性落地市场活动

上一节我们提到，相对 To C 产品来说，To B 类产品的购买决策链上的角色更为多元和复杂，所以 To B 类品牌传播的市场活动要考虑的影响客户的因素更多。

经过多年实践，华为总结出 To B 品牌传播要影响的群体主要有三大类（见图 3–5）。

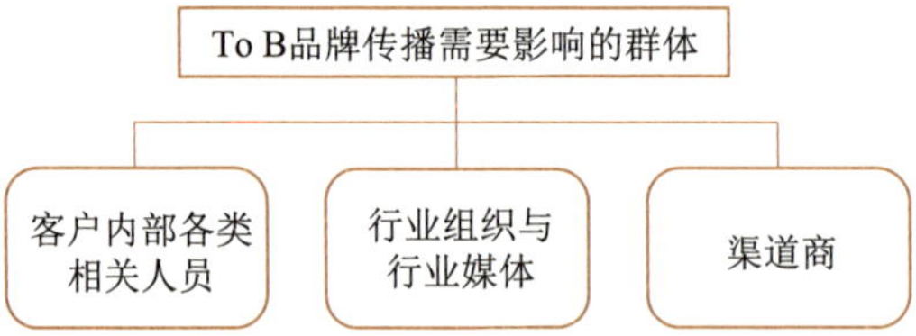

图 3–5　To B 品牌传播要点

针对这三类对象，企业要采用不同的传播手段，做不同的市场活动。

华为做市场活动一般是由总部和市场一线互动。有时，总部统一提出来一个市场活动规划，要求各个代表处做相应主题的活动。有时，则是市场一线提出来要做什么，需要总部统一规划，提供支持。总部、市场部一起和代表处一线人员进行讨论，确定活动主题，讨论活动细节，形成市场活动计划。

市场活动计划形成之后，就会按照计划要求一步一步推动执行。

市场部负责制作各种材料，包括活动海报、活动文案，然后提前下发给代表处。代表处负责预订场地，邀请客户和代理商，总部负责协调与会的领导和专家按计划到达当地支持市场活动。与会领导和专家的发言稿、会议 PPT 都要由市场部和总部相关领导审核。

客户内部各类相关人员

针对客户内部各类相关人员，分不同类别举行不同活动。

华为面向客户的技术人员和实际使用者会开展技术交流会、技术型展会、产品发布会等，让他们了解华为产品的技术特点、方案内容，以宣传技术解决方案为主，大型会议一般在五星级酒店举行，小型的交流会则以沙龙的形式出现。

数通产品线在发布第五代路由器的时候，在海外也做了相应的市场活动，总部派技术专家提供支持。代表处一般会提前 30~45 天预约酒店会场，提前30天开始给客户和代理商的技术人员预热，然后提前15天正式发邀请函，重要的客户和代理商会提前一周时间逐一确认。这种会议一般要求在60人以上，100人以上更佳。

会议当天，代表处基本上会全员出动，销售人员的工作重点就是陪同自己的客户和代理商，当技术专家在台上讲解时，他可以择机补充信息，让客户理解得更全面。在会议间隙，销售人员则可以邀请相关客户和总部技术专家交流，这既抬高了技术专家的形象，又让客户感受到关怀，他们和专家交流、沟通会更充分，为后期项目推进打下基础。

针对客户的管理层、采购层等实权部门则开展高端峰会、论坛等，一般也都是在五星级酒店开展。在论坛上一般会要求邀请代表处或地区部的高管参加，级别对等或者华为方领导级别更高，安排圆桌对话环节让他们对话。此类客户的诉求是了解华为的实力和想法，同时得到尊重。论坛、对话环节等活动安排让客户有机会表达自己的观点，有参与感，感受到尊重，客户领导的满意度高。

对于重要项目及客户，还要邀请客户回深圳公司总部参观考察，让他们了解华为的实力。华为的接待水平是世界一流的，参观考察是华为做项目的重要手段。这一点将会在后面的章节具体讲解。

总之，国内外客户飞到深圳参观完华为总部以后，普遍的反应是震惊，态度大大改观，合作变得顺利。

行业组织与行业媒体

针对行业组织以及各种商会、协会，华为经常举行商务活动，如酒会、沙龙来保持联系，这有利于拓展客户，获取项目信息。

华为在国际拓展期间，基本上每周都要做几场沙龙，经常和这些行业组织、商会、协会保持联系。活动整体氛围很轻松，费用不高，餐饮方面可以简单一点，人也不用多，10 多个人为佳。沙龙上首先是大家互相介绍，熟悉之后，就谈谈工作进展情况，尤其是华为的诉求，说说现在有多少困难，他们会介绍一些项目信息，这有利于华为后继跟踪。他们也会介绍新的朋友，约好下次一起过来。

这种酒会、沙龙是有效的，有时甚至可以直接实现从市场活动得到销售线索。

针对行业媒体，华为则定期投放广告或者专业的技术文章，一般以半年为周期，投放到通信行业的各个专业媒体、网站、论坛等，保持良好的公共关系。

2005 年，笔者参与拓展马来西亚市场。当时市场宣传一片空白，就是和当地 IT 圈子一流的计算机类媒体合作，投放产品软文和招聘启事，引起当地客户和代理商的注意。这些广告效益对招聘人员、建设团队起到了极大的推动作用。合作的猎头也得益于这些广告的推动，使得在沟通候选人时比较顺利。候选人知道华为来了，也愿意见面。

渠道商

渠道商更关注华为当年要主推什么产品，有什么渠道政策，如何让自己的技术人员掌握。所以华为经常做全国性巡展活动，如产品发布会、渠道政策发布会等，邀请代理商参加，现场观摩新产品发布，学习了解新的渠道政策。

2007年，国际部批准，由笔者策划牵头举办第一次“全球合作伙伴大会”，邀请来自全球30多个国家的总代理商和核心代理商100多人来到杭州香格里拉酒店。会议举办了两天，其间既有大型的政策发布会，也有公司领导和各国代理商的座谈会。

技术培训会则单独举行，一般两三天一场。代理商的技术人员在学习之后还要参加华为的工程师认证培训考试，拿到证书才达到标准。

华为每年都会有“春雷行动”“年度巡展”等类型的活动。像这种全国巡展活动，一般在全国范围多地、多场次展开，会覆盖全国主要省会城市，多达20~40场，一般每场会议100人以上，技术专家、公司高管、当地代表处领导轮番上台发言，这对渠道合作伙伴影响很大。

华为同时会推出各种技术手册、解决方案书，让合作渠道商及时了解华为的技术动态，了解最新的技术解决方案。

通过上述多种形式的市场活动，华为影响了To B市场与客户的各个层面，逐步树立了高大上的品牌形象，得到客户和代理商的一致认可，为进一步赢得市场打下了非常好的基础。

MTL 流程

市场活动的目的是建设品牌，建设品牌的目的是为业务服务，最终是为了实现销售目标，占领市场，华为也不例外。通过 30 多年的发展，华为在全球实现近万亿元的销售额，其市场活动同样是为了撬动更大的市场，成为全球企业标杆。

尽管 To B 和 To C 产品在营销方法上有诸多差异，但华为最底层的营销思路没有变，即 MTL 流程，就是从市场活动开始到发现销售线索的过程。该流程是华为在 IBM 公司相关实践的基础上总结而成的（见图 3–6）。

需要注意的是，华为的 MTL，不只是一套营销流程，也是一种战略思维模式。这套思维模式要求把客户放在市场选择最前端，也就是说要以客户为中心，以结果为导向，研究客户在哪里，客户需

图 3-6　MTL 流程

要什么。围绕客户的需求进行深入的市场洞察，然后选择细分市场，规划产品、服务及解决方案，针对客户群体设计并执行营销活动，实现营销规划。在这个过程中，与客户联合创新，针对客户的需求培育市场，发现和生成销售线索，最终目的是实现销售，从而推动增长。

具体如何执行呢？主要分为以下 5 步。

市场洞察

这一步也就是我们在之前章节提到的，关键是实现“5 看”，了解完这些情况之后，找到自己的品牌定位，就要开始传播品牌，支撑品牌形象，提升客户的品牌认知。

战略规划

通过战略制定的“3 定”，理解市场，选择细分市场，和竞争对手相比进行差距分析，就产品解决方案、市场营销、项目销售等提出计划。

市场营销需要以市场洞察和战略规划为基础展开，我们在之前的章节里讲过详细的操作方法。整个市场营销动作是系统化的。在这两步完成以后，要开始思考给客户提供什么产品和服务。

联合创新

针对客户痛点，我们要牵引研发部门、产品与解决方案部门完善产品上市计划，提升竞争力。

我们通过拜访，和客户聊天沟通需求，发现不同的国家对业务实现有不同的差异化需求。“以客户为中心，为客户创造价值”，华为经常组织国际电话会议，一般一周开几次，接入国内的产品行销部门、研发部门等，沟通各国客户的需求，优化解决方案，要求公司研发等部门及时有效地改善产品和解决方案。

泰国某银行客户需要华为的设备提升网络安全方面的性能要求，华为及时协调各部门参加专题会议，在明确了客户的性能指标要求以后，安排产品部牵头负责，推动研发部门按时间要求落实。

营销要素开发

确定自己的价值主张，确定营销主题、目标、预算等，制定营销方案规划，设计营销活动组合，落实营销计划，在营销活动推广中生成项目线索，推进线索发展成项目机会点。

确定自己的价值主张就是确定这次营销活动要突出什么，达到什么目的。例如，是需要发现更多的客户，还是更多的代理商；是侧重技术方案，还是体现公司的成功案例。这个价值主张要倾听一线的实际需求，对一线的销售业务有实际的帮助作用。

然后确定营销主题，把这次活动的方向定下来，例如，是产品发布会、行业客户论坛或者代理商会议等。下一步，总部和一线就可以讨论营销活动的计划，确定活动细节，安排一线代表处提前邀约参会客户、代理商等人，目的还是在活动中，通过与参会的客户、代理商接触，从而发现销售线索，然后进一步落实线索并进入销售阶段。

数通产品线在国际市场拓展之初，客户基础薄弱，项目信息很少，为了发展客户基数，就要获得当地代理商的大力支持，所以那一阶段的主要任务是发展代理商。华为在亚太区策划了一系列的渠道合作大会，营销主题就是“团结发展”，在亚太区，针对每一个国家，有目的地、隆重地召开总代理商签约大会、代理商合作大会，发布渠道合作计划，以优惠的价格、免费的技术培训、优质的售后服务等吸引代理商加盟，会议一般为100~200人的规模，吸引了当地的主流代理商参加，产生了不小的市场影响，树立了华为的品牌，推动了和代理商的合作。

通过这些颇有声势的市场营销活动，华为工作人员在会场和客户、代理商结识，从陌生到结识，从握手到开始合作，他们开始告诉华为一些项目线索，共同商议一些项目，会后就约时间到他们的公司一起谈项目细节，这样达到了市场营销活动的目的，直接开启了项目销售阶段。

需要提醒的是，每一次市场活动结束后需要进行复盘，总结销售线索数量，以及最终成交的情况，完成评价闭环，从而不断迭代，提升市场活动的质量。

销售赋能

为了实现线索目标，能够顺利推进销售线索，公司结合营销计划及业务重点制定赋能策略，针对销售人员、营销人员等角色组织赋能内容开发，选择赋能方式并执行，评估赋能效果并改进。

一般来说，在开始大规模销售之前，要对销售人员、产品行销、市场营销人员等进行销售培训。培训的内容有商务礼仪、销售技能、渠道合作、项目运作、销售管理等。

华为的培训是非常严格的，员工在出国之前，一般要接受长达4~6个月的培训。

首先是新员工入职培训，也叫大队培训、一营（训练营）培训，一期一般 100~300 人。新员工要到深圳总部参加培训，学习内容包括华为的企业文化、规章制度等，每天会有公司高管讲解华为的企业文化，包括个人的感受和案例，让大家慢慢接受和融入公司。也会安排各个部门的骨干介绍本部门的工作职责和内容，将来如何和这个部门打交道等。培训周期一般是 7~10 天。学员每天早晨起来跑步，全天上课，晚上开辩论会，还有演出等活动，夜间准时熄灯休息。

大队培训结束之后，营销岗位的员工就会进入第二阶段的培训，侧重销售方面，这个阶段也叫二营（训练营）培训阶段。数通国际部由于面向国际业务，相对特殊而独立，这个阶段就是国际部组织二营（训练营）培训。

国际部学员培训的内容比较多，有产品知识、销售技能、销售管理、商务英语、商务礼仪（见表 3–1）。产品知识一般是由国际产品行销部的骨干来宣讲，包括产品技术参数、解决方案等，有中英文两个版本，英文版本需要背诵。销售技能由国际部安排培训部销售方向的老师来宣讲，这些老师除了讲销售技能，还会讲一些销售的实战成功案例，给员工增加信心。销售管理知识由国际销售管理部的骨干来宣讲，介绍商机（Pipeline）管理、项目特价审批制度等。商务英语、商务礼仪则由国际市场经验丰富的老员工担任讲师。

一般每天上午一节课，下午一节课，一次课程 1~2 个小时，其余时间则是自习。每个课程都会安排考试，考试不及格要重新学习，需要再次考试直到通过为止。

表 3-1　国际部二营（训练营）销售培训内容

培训主题	培训内容
产品知识培训	产品系列、产品功能与技术参数、产品行业解决方案等
销售技能培训	销售心态建设、项目运作技能、市场活动策划、销售案例等
销售管理培训	商机、项目特价审批制度等
商务礼仪培训	商务英语、商务礼仪

这个阶段为期三个月左右。

二营（训练营）阶段结束以后，就开始了国际市场拓展之前的准备工作。每天有较多的时间进行市场研究，包括收集资料，购买国际市场调研报告，研究调研报告等，同时还有学习任务，包括复习以前的学习内容。

这个阶段，国际部会安排研发部门、供应链部门、技术支援部门等经常和大家做交流，介绍它们最新的工作情况。开始笔者不太理解："为什么要了解其他部门的工作情况和最新进展？"等我们到了国际市场，就明白了。当我们需要这些部门支援的时候，自然而然地会和它们联系，而且对它们的情况心里有数，知道该怎么请它们配合工作。

这个阶段需要两三个月。

在离开国际部总部奔赴国际市场前线之前，要有一个结业答辩，这是考核最重要的一关。就以上培训内容，每个人都要上台演讲，主要内容是模拟向客户介绍某一款产品，用英语进行，15 分钟。领导和导师在下面听，并现场用英语提问，对答辩情况进行评审，通过了才及格，否则要继续学习（见图 3–7）。

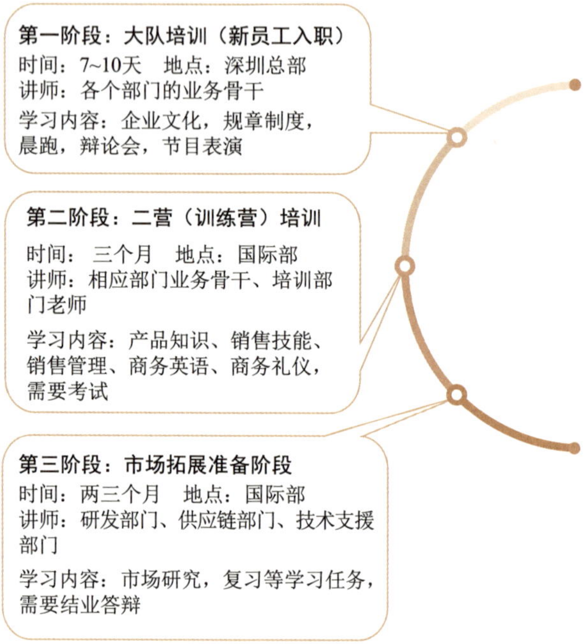

图 3–7　销售赋能三步走

练兵千日磨一剑，用兵一时见功夫。新员工离开训练营，到了海外市场一线，发现自己马上可以使用以前培训习得的技能。

总之，MTL 流程的目的是通过营销活动，培育市场，生成线索，推进机会点，促进增长。当我们从市场营销活动中发现线索以后，就开始进入项目销售阶段。

第四章

To B 项目客户关系管理

客户关系是成功销售的基础和保障。对于 To B 项目，处理 5 种客户关系，发展和使用 Coach 是重要课题。

从陌生到成交阶段的基本要领

销售有其自身基本的理论和逻辑，对 To B 销售而言，我们首先需要明晰它和 To C 销售的区别。在此基础上，对整个销售过程——从对客户的陌生到最终交付进行阶段性区分，同时掌握每个阶段的基本要领。

To C 销售的概念大家都不陌生，一般围绕个人生活、工作所需、衣食住行之类，属于个人消费者的采购行为，是否消费基本由个人决定；且消费金额一般不大，房子、车子、珠宝等大宗商品不会经常采购，日常采购没有明显的周期性，随机采购、零星采购居多（见图 4–1）。

To B 销售客户的采购特征和 To C 恰恰相反。首先，To B 销售基于单位的业务需求，采购量大，单个订单小则万元左右，大则以亿元为单位，甚至更多。其次，这种需求一般是有周期性的，以年/季度为

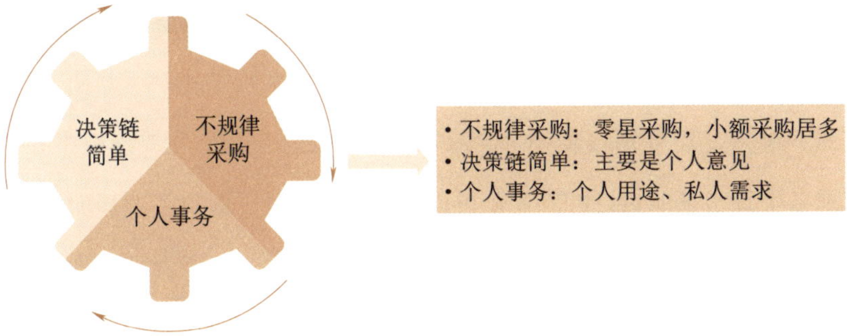

图 4-1 To C 类客户采购特征

单位，循环采购，所以，B 类客户期望和供方形式长期、稳定的合作关系。也正因如此，To B 项目招投标的流程严格，决策谨慎，决策链复杂；项目采购一般要经过内部讨论后立项，预算设计、预算审核通过后，进入招标流程。同时，因为 B 类客户采购的产品都是企业/机构用途，所以对产品的性能和指标要求较为严格，对投标公司的资质要求、准入条件、实力、成功案例均有所要求（见图 4–2）。

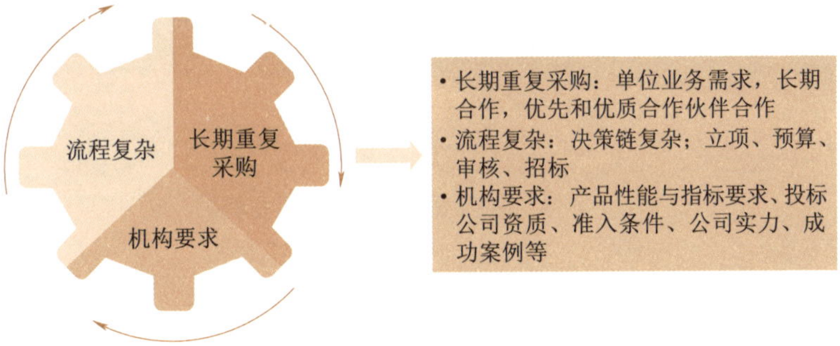

图 4-2 To B 类客户采购特征

所以，在正式接洽 To B 类客户项目前，我们要树立以下两个最基本的销售认知。

第一，To B 销售是一个全流程，从接触客户开始就要谨慎小心，从各个细节证明自己的专业是可以信任的。即使一时打不开局面，也不要灰心，持续攻关，建设客户关系，等待机会。

华为在海外的运营商市场一般需要持续努力 3 年左右才能打开一个市场，第一年往往只能认识客户的基层干部。

第二，签订合同只是合作的开始，项目交付要让客户满意，客户才会长期合作。时刻注意客户满意度，不要以为合同签了就万事大吉，To B 类商业客户一旦发现出了问题，有不满情绪，供方就要及时处理，否则，一旦事态扩大，客户可能中断合作。

树立正确的认知后，接下来正式进入 To B 项目销售流程。一般来讲，To B 类项目从接触客户到合同成交分为 4 个阶段（见图 4–3）。

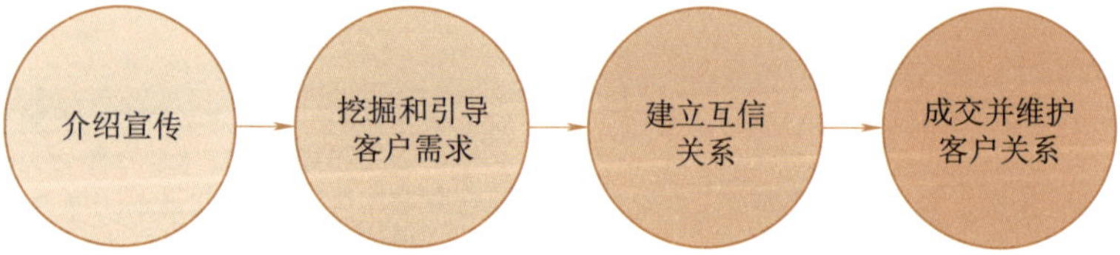

图 4–3 销售的四个阶段

介绍宣传

此时，刚开始接触客户，从陌生到认识，重要的是让客户了解自己，留下良好的第一印象，通过自我介绍让客户了解公司以及公司的产品。

所以第一次陌生拜访很重要，第一印象好不好，只有一次机会。销售人员要做好第一次拜访，就要多关注细节（见图4-4），可以找相关同事或朋友现场模拟，熟能生巧。

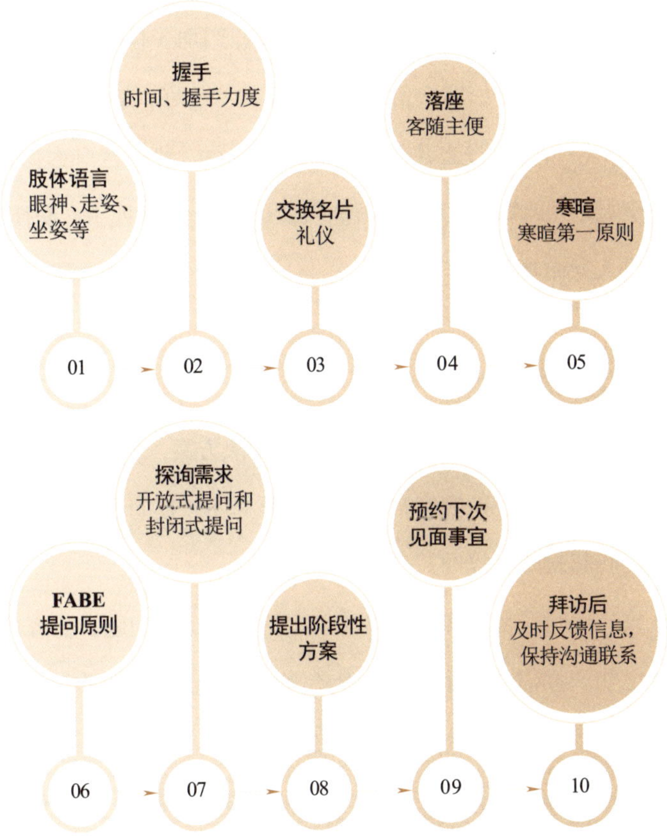

图4-4　拜访10大要点

一般来说，第一次拜访最好在正式场合，比如到客户公司登门拜访。如果在外地出差时恰巧遇到或者临时安排，则可将会面安排在比较正规的酒店、咖啡厅等。

见面先要自我介绍。自我介绍一定要简洁明了，经过精心设计。如果你是中高级职位，客户一听就明白这个职位的分量，因此你可以直接说：“你好，某总，我是某某，在公司负责某某区域业务。”如果你是初级职位，则要适当放低身段，自我介绍加入自己的独特性，轻松幽默，调节气氛，给客户留下印象，比如：“你好，某总，我是小李，我负责这个项目，我过去几年一直是销售冠军，我的客户给我起了个绰号‘李冠军’，请多多关照，很高兴认识您。”之后握手，交换名片，落座，进入寒暄环节。

挖掘和引导用户需求

客户的需求决定我们推出什么产品和解决方案，了解客户需求是非常重要的一个环节。挖掘客户需求就需要提问，提问有两种方式——开放式提问和封闭式提问。

开放式提问就是向客户提出比较概括、宽泛的问题，让客户自由阐述。比如“你们对这个方案有什么考虑”，目的是使对方更多地讲讲有关情况、想法等，让我们了解更多的信息。

例如，笔者一般会问，“对于这个项目的方案设计，您有什么考虑”“您比较在意的关键因素是哪些，为什么”等。这样就能了解客户对方案设计的各个方面到底了解多少，以及根据其了解的程度，要如何引导。如果对方有顾虑，我们也知道如何打消这些顾虑。

封闭式提问是指对提问者提出的问题有预设的答案，用来澄清事实，获取重点，缩小讨论范围。例如，“你们倾向于国内品牌，还是国际品牌”“投标时间定了吗”“上半年，还是下半年”等。

切入正题以后，刚开始要使用开放式提问，让客户阐述情况。了解基本情况之后，再使用封闭式提问，让客户明确“是”或者“不是”，把问题澄清。

在交流过程中，重点是倾听，“高手爱听，新手爱说”。通过倾听了解客户的需求，挖掘客户的需求。通过提问，在了解客户的需求之后，就要开始引导客户需求，引导客户考虑自己有优势的方案，提出阶段性方案，突出产品及服务的重点和优势。

第一次陌生拜访最好不要超过 20 分钟，因为毕竟是第一次拜访，双方都不熟悉，第一次会谈的主要目的是和客户见面，留下良好的第一印象，建立联系，基本就完成任务了。如果交谈时间过长，由于刚开始对客户还不熟悉，如果出现纰漏，现场弥补效果很可能不理想。一回生，二回熟，这次达到目的就尽快结束，以后再进行商务拜访双方就熟悉了，一步步搞好客户关系。

在结束时，需要给第二次拜访预留由头，提出阶段性方案，并提醒客户会对方案进行细化，给出一个行动表，和客户保持沟通。

与客户建立信任关系

我们介绍了自己以及公司的产品和服务，了解了客户的需求，也推出了解决方案，那么客户对你有没有产生信任？

让客户产生信任的基础主要源于三个方面：公司实力、产品价值、个人品牌（见图 4–5）。

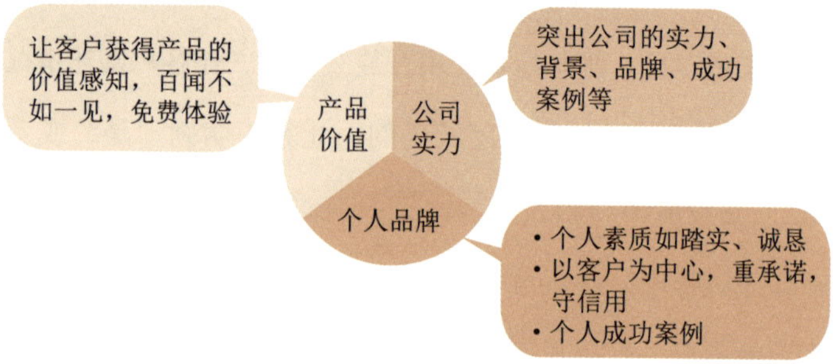

图 4–5 建立互信三要点

公司实力

对大公司的销售来说，销售工作相对容易。客观上讲，公司的品牌起到了推介作用，客户心理上接纳程度高，信任度也会相对更高。

反之，如果公司的实力小，客户自然也会犹豫，犹豫主要源于不了解。对销售来说，在这种情况下，就要把客户的注意力导向产品价值——推介公司的产品和服务。

产品价值

介绍公司以及公司的产品和服务，可以使用 FABE 原则（见

图 4–6）。

图 4–6 FABE 原则

F——Features：特征，即说明产品的特质、特性等基本功能。对 To B 市场的产品而言，最常见的是指各类性能指标，以及指标所标明的功能特质。例如，计算机产品的 CPU（中央处理器）品牌、CPU 主频、硬盘、内存等。

A——Advantages：优势，即重点说明商品特性究竟发挥了什么功能，可与同类产品比较说明。例如，“这个系列的手机续航时间长达 20 小时，远远高于同类产品，特别适合商务人士的工作需要”。

B——Benefits：利益，即说明产品的优势能带给客户的利益。以客户为中心，通过强调客户得到的利益说服客户购买。例如，“这款供电系统可以给贵司一年节约 200 万元电费”。客户一听就会明白这款产品的好处，他可能不了解这款产品的技术，但是我们直接说出产品能带给他的好处，他马上就能听懂，进而表现出兴趣。

E——Evidence：证据，包括成功案例、技术报告、客户表扬信、报刊文章、照片等，所有作为证据的材料都应该具有足够的客观性、权威性、可靠性和可见证性。证据的重点是用成功案例来说服客户，成功案例最好是目标客户所在的行业或者相关行业。表扬信越多越好，整理成集，给潜在客户看。他们翻开厚厚的一本表扬信，更容易被说服。华为经常把各个行业的成功案例单独整理成册，印刷精美，销售去见不同行业的客户都会带上它。

在使用 FABE 原则时，需要注意沟通顺序。对没有销售经验的新手来说，很多人开口就是背产品说明书，一直说产品的各项性能指标，而忽略一旁的客户是否爱听这些指标，以及是否听得懂。

销售高手通常上来先讲利益，客户听得懂，感兴趣，然后接着讲证据。客户听了这些真实的案例会信服，也会问更多的问题。这时，我们就可以抓住机会，趁热打铁，介绍特征，同时说明优势。这样，整个销售过程顺理成章，节奏尽在掌控之中。

个人品牌

客户对销售个人印象的好坏对销售进展是否顺利也有很大影响。和客户相处，只有当他觉得和你处得来，才愿意和你接近，进而产生信任，所以销售个人需做好细节，给客户留下良好的印象。

不张扬，谦虚，不油滑，重承诺，这些都是客户看重的品质。很多人会误以为高谈阔论或者投其所好是销售能力的体现，恰恰相反，客户看重的是踏实、稳重、实干、守信用。

另外，要用自己的成功案例和业绩说服他，包括自己服务了多少客户，做了哪些引以为豪的项目，以此证明你是可靠的，有能力。如果你只是个新人，成功案例不多，就表明自己的诚意和决心，这也可以打动客户。

成交并维护客户关系

用户对我们产生信任之后，我们就要趁热打铁，快速成交。

成交是客户关系的开始。成交之后，我们和客户才有了真正意义上的合作。

一方面，B类客户通常都是长期采购，所以往往第一单只是开始。另一方面，维护好客户关系，也有利于树立口碑，积累成功案例，成为说服下一个客户的有力证据。甚至客户也会给我们介绍新的客户，形成良性循环。这就是成交之后，服务好客户、维护好客户关系的重要意义。

成交之后，销售人员的第一个重点是做好项目的交付，要继续盯项目的交付进展，每周定期和公司供应链部门沟通，了解产品的生产排期有没有异常，元器件供应是否正常等，目的是保证质量，保证工期，让客户满意。很多销售人员在这个环节容易出问题，就是签了单以后，就觉得自己的事已经完成，把订单交给公司就不管了，去做其他项目，一旦项目的交付时间无法保证，客户就会催促，发现有问题了才催公司，这就导致项目交付可能出问题。在这种情况下，客户的满意度就会大打折扣，会觉得中标后就不重视他了，对你的信任度会降低，会为后面的合作埋下隐患。

项目交付以后，维护客户关系的第二个重点是定期回访。回访不一定去现场，可以一两个月打个电话或者发封邮件问一问，和客户保持联系，让客户感受到关怀，让客户放心。

回访其实也是给后面的项目留一个契机，可以顺理成章地问客户："今年还有没有什么需求或计划？"回访工作很容易把项目推到下一个阶段，有机会扩大销售。

维护客户关系的第三个重点是做好售后服务。售后服务周期有半年、一年等，在质保期，一旦出现问题，销售应该及时解决，可以派技术支持人员到现场处理，更换配件或者安排维修人员等。要让客户感受到我们以客户利益为重，恪守承诺，进而树立良好、职业化的形象。

画出行业地图，确定指名大客户

当我们准备开展销售工作的时候，首先应思考的问题就是客户在哪里。To B 客户要按照行业维度去找，进行市场拓展，把该行业所发现的客户名单进行汇总，形成行业地图。行业地图里面的客户，有一部分对于公司非常重要，意义重大，则单独列出成为公司的指名大客户（Named Account），予以政策、资源上的支持，确保拿下或者持续产生销售贡献。

行业地图

To B 销售进行客户群体研究的原则是按照行业维度进行研究。

按照行业维度，To B 客户大体分为政府机构与组织、各行业的民企和外企。

政府机构与组织的涉及面很广，这类客户也是我们常说的To G客户：政府各级部门和机关单位，如中央各部委、省级各厅局单位、市级各单位；国有各行业单位，如各级通信公司、各级银行、铁路公路交通运输公司、电力水力部门等。民企和外企都是按照行业来划分的，如生产制造、工业品、农林牧副渔、医疗卫生、教育行业等。

政府类客户有一个重要特征，就是总部集权。总部对下属部门的垂直管理非常严格，地方都听中央的，同时计划性非常强，总部提前几年就把项目规划和采购预算做好了，下发到地方执行，然后总部每年持续更新规划。

所以在研究政府类客户的时候，销售就要到相应的政府部门总部机构了解相应规划。例如，做铁路行业设备的企业，就需要到铁道部委总部的某建设部门了解相关产品的项目计划，这个部门有全国的项目计划表，从项目计划表里面再研究相关设备的采购计划。

笔者于2020年开始辅导某电气设备制造企业，其年销售额在8亿元左右，其销售人员集中在几个行业，一个行业也就一两个人，在省级客户单位和市级客户单位活动，多年以来，都是碰到某个项目就做某个项目，碰到某个客户就和某个客户处好关系，对市场全貌没有了解，做多少算多少，完全是个人行为。因为公司对市场全貌没有研究，所以也不知道市场的容量究竟有多大，导致不敢在行业继续投入人手，也不敢要求销售额大幅提升，每年上涨一点就觉得很好，多年以来一直如此。销售额是在增长，但是不知道这个市场究竟多大，也不知道这个增长速度是快还是慢，是应该加大投入还是维持。

因为没有对行业进行整体研究，不了解行业的市场容量，看不到市场全貌，也没有客户画像，导致不能做出正确的战略判断，这是国内企业普遍存在的问题。简言之，就是没有做好“5看”。

还以上面这个客户为例，笔者要求它必须先去客户的总部拿项目规划。项目规划到手后打开一看，几十页全是项目表，全国的项目分布一目了然。然后就开始进行第二步工作——核实每一个项目是否有设备需求。这时，它才开始对市场全貌有了一点了解，看到了全国范围内的项目总量，并开始重新规划人手、任务额以及未来的市场占有率。

对各行业的民企、外企进行市场研究也一样，需要到公司总部，和相应的部门如计划部、采购部、销售管理部等沟通，了解客户的需求，明确全年或者未来几年的采购计划。

例如，笔者辅导的某锁业客户，它的大客户是各大房地产商。房地产商此类大型企业每年的项目工作计划都会提前确定，全年的项目数量、地点、金额、开工时间等早就安排好了。房地产商在全国都有省级分公司，以前锁业公司的销售人员只是在区域内的省级公司工作，也是碰到什么项目就做什么项目。如果错过招标时间，就只能等第二年。笔者就要求他们到房地产公司的总部去找关系，拿计划，先了解全年全国的总项目计划，再安排人手，把项目分解下去。因为工作有的放矢，所以效果明显。他们拿到了约十家大型房地产公司的项目计划，然后在全国安排人手，分解任务，由上至下地指导区域队伍开展工作，落实每个项目，该客户的销售工作有了明确的计划性，上了一个新台阶。

在不同行业寻找、标记潜在客户和重点客户，汇总形成列表，有区域、行业维度，这就是行业地图。

比如，如果产品目标用户是大学，我们可以把目标区域内的省级或者市级大学都标注出来，然后指导销售团队逐一接触，落实项目情况。

需要注意的是，行业地图上不仅有潜在客户（有待拓展的）的名单列表，也有已经拓展客户的名单列表。这样，我们对该区域的客户覆盖率就有了全面的认识。

由于 To B 客户是成群出现的，即我们可以通过某个关系人的介绍，进入他们的圈子，赞助及参与他们的活动，由此可以一次性认识更多潜在客户。所以客户拓展也是有规律的，有横向拓展和纵向拓展两种方式（见图 4–7）。

比如，某教育软件公司的潜在客户是中小学，那么其目标区域的所有小学可能成为它的客户。业务刚刚开始的时候，先破冰做好第一单，当它做好了一个小学的关系，拿下项目之后，可以通过这个小学的关系人如校长，认识他的社交圈子——教育协会、组织等，进而拿下其他小学。

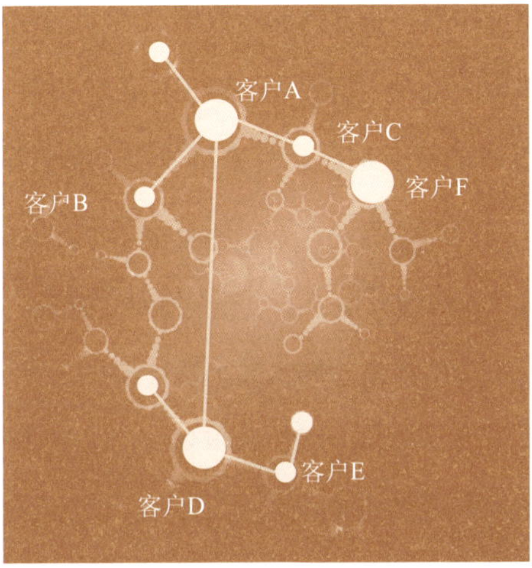

图 4-7　客户关系横向和纵向拓展

这就是横向拓展。我们先做好一个项目，然后通过关系人进入他的圈子，认识更多的潜在客户，然后做第二个、第三个项目，再分别进入他们的圈子。这样经过几次迭代、几次客户拓展，我们在当地该行业就建立了较好的客户关系。几年下来，通过这些项目，就有了较为全面的行业地图。

纵向拓展则适合有纵向的、垂直层级的行业，例如，各级政府部门、铁路交通、银行等，一般有部委、省厅、市局、县处等垂直级别。例如，某银行管理软件公司的客户是银行，由此认识了某市支行行长，按照横向拓展的方式，可以通过关系人认识他周围的其他支行行长。同时，通过纵向拓展，可以通过关系人向上认识省级分行行长，向下认识储蓄所所长。几年下来，通过横向、纵向拓展方式相结合，可以在全国得到一张立体的行业地图。

行业地图的意义就在于指导我们的工作，让我们看见全局。刚开始可能是一个城市的行业地图，后来可以是一个省甚至全国的行业地图。

行业地图就是公司的财富，是公司对市场的认知，对客户的把握，用来指导企业战略的制定，完成年度工作计划。

华为非常重视行业地图工作，强调对于行业客户的全面覆盖。华为做行业客户的风格是自上而下，全面接触。对于一个行业如医疗，从中央部委的关系到省市级客户的关系再到区县级客户的关系，华为通通要做。

华为的做法是公司高层把握部委级别的关系，由公司的公共关系部负责协调安排公司高层和医疗相关部委领导见面，一年要走动几次，如果有大项目要启动，则随时沟通。公司在得到了高层客户关系的肯定和支持之后，各个代表处负责把握医疗行业在省市级客户的关系，由负责该行业的销售团队来对接省市级客户。对于区县级别的客户，则安排销售人员去当地区县进一步拓展关系。华为分 3 级来对接客户关系（见图 4–8），目标就是实现客户 100% 覆盖，能够做到的客户全部做到，全部执行到位，不给竞争对手留一点机会，于是流传这样一句话，“华为过后，寸草不生”。

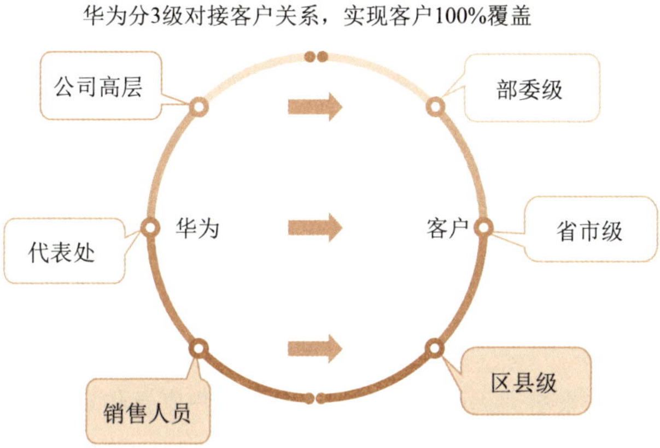

图 4-8　华为分 3 级对接客户关系

华为存储与服务器产品线于 2009 年在每个代表处开始做行业销售，代表处的行业销售少则只有几个人，多则十几个人。对一个省的行业客户来说，人手严重不足，遇到什么项目就做什么项目，根本做不到 100% 覆盖。做不到不是华为的风格，于是就持续招人，目标就是 100% 覆盖。2009—2021 年，代表处行业销售人员平均增长了 10 倍，达到 100~200 人。西南某代表处原来仅有 10 余人，现在有 200 余人，销售额从原来的 1 亿多元到数十亿元。这也是追求行业客户全面覆盖的效果。

指名大客户

在行业地图上，客户星罗棋布，我们需要特别标注重要客户，即有了稳定合作关系并且产出大或者公司认为重要、合作潜力大的客户，也就是指名大客户。

公司判定指名大客户的指标主要有以下两个。

第一，销售额。越是稳定合作的客户，公司越要认真对待。对于各个区域内产出较大的客户，例如，年销售额1000万元以上，划为指名大客户。公司会从销售管理的角度持续关注该客户，要求该客户所在区域销售人员定期汇报进展。快速响应客户新需求，提升客户满意度。

第二，未来潜力。顾名思义，这部分客户则是指对公司意义重大或者合作潜力巨大的客户，是未来有可能成为指名大客户的客户。这种客户即使目前没有合作或者合作很少，也要予以重视，目的是后继扩大合作。例如，在四川区域，本地几家上市的酒业、农业、饲料业公司对华为而言就是合作潜力巨大的客户，是指名大客户。在杭州，电商巨头公司就是指名大客户。同样由公司总部重点关注，安排区域里销售人员专人负责跟进，定期检查工作进展。

指名大客户制度就是把客户分级进行管理，把重要的客户单独列出，安排人重点跟进，总部重点关注进展，投入资源支持（见表4–1）。这是销售管理的一项重要内容。

表4–1 行业客户名单

客户名单	区域	行业	客户级别
行业客户A	浙江	金融	指名大客户
行业客户B	浙江	电商	代表处
行业客户C	广东	教育	代表处
行业客户D	广东	医疗	指名大客户

华为的销售管理部一般在月度例会上复盘一遍区域的指名大客户工作情况，确认有无异常，竞争对手有没有新动向，需要投入什么资源支持。对于刚刚开始推进的大客户，重点关注进展，销售人员的动作是否准确，进展是否顺利，是否需要投入资源。

总部有市场活动、总部参观、项目特价、领导拜访等支持方式，一旦区域的指名大客户需要做工作，总部就安排人落地支援（见表4-2）。

表4-2　指名大客户支持政策

支持方式	工作内容
市场活动	如果指名大客户需要做市场活动，华为予以经费支持，总部审批，华为大型市场活动邀请指名大客户参加
总部参观	邀请指名大客户来华为总部参观考察，安排高层接待
项目特价	针对指名大客户的项目予以特殊价格支持，给予更高的利润

指名大客户对于销售的重要意义主要有以下两点。

其一，已经稳定合作的指名大客户就是优质“奶牛”，它每年都会有稳定的大额产出，其销售收入是我们营收的稳定基础，是完成任务指标的基石。

其二，对于正在合作开发的指名大客户，虽然暂时产出不多，但是它有潜力，会有更大的产出，找到了就要重视，它会逐渐变成我们牧场里面的“奶牛”。

所以，在形成行业地图的过程中，甄选一批指名大客户，逐渐增加名单，我们的客户基础就会越来越广阔，销售额自然会增长。

客户分层级关系管理

To B 项目金额大、决策复杂，赢得项目的核心是建设客户关系，得到客户的信任，这就需要做好客户关系管理工作。华为基于多年的销售实践，把 To B 项目的客户关系按照对项目决策的重要性分为 3 个层次：普遍关系、关键关系和组织关系（见图 4-9）。

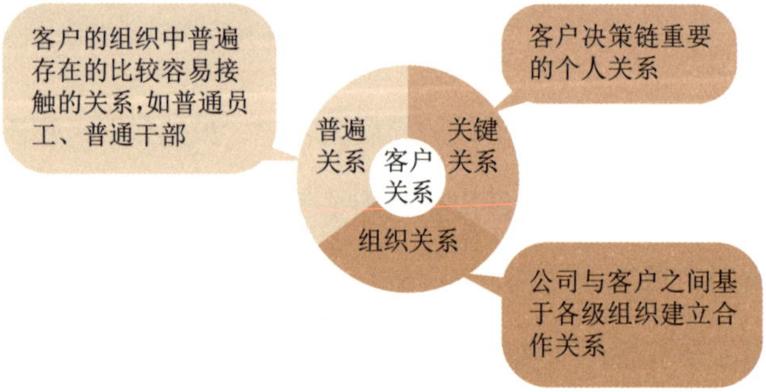

图 4-9　客户关系的 3 个层次

普遍关系

普遍关系有以下两种含义。

第一，在客户的组织中普遍存在的比较容易接触的关系，例如，助理、秘书、门卫、司机、普通工作人员、普通干部等。

第二，我们为了和客户长期合作，就要和客户的各个部门进行广泛、普遍的接触，不能只认识某一部分人、某一个部门。

对项目运作来说，普遍关系是很重要的，这类关系中的人实际掌握很多有价值的信息。例如，客户的司机、秘书知道客户的个人爱好等私人信息，这些对我们了解客户、接近客户、做好关系很重要。他们知道项目的背景，知道来龙去脉，可以帮助我们抓住客户需求的重点。他们知道竞争对手做了什么，可以帮助我们做出对策。他们知道其公司内部的很多情况，有助于我们逐一攻克决策链上的关键人物。

普遍关系运作有 3 个特征：易于接触、易于突破、易于发展成支持者。

建设普遍关系意味着要和客户组织建立广泛的连接，尽可能多地和客户内部人员接触，认识尽可能多的角色，理论上讲，多多益善。但从实际情况看，一是投标有期限，时间上来不及；二是也没有必要 100% 覆盖。对于不同的项目，在有限的时间内合理地投入，对于普遍关系的基层干部、基层员工等要接触，达到一定的覆盖面即可（见表 4–3）。通常来讲，To B 项目销售至少要对目标客户内部的 5 类角色做到基本接触，即管理线、技术线、采购线、财务线、用户线。

表 4-3 项目普遍关系参考值

用户角色	管理线	技术线	采购线	财务线	用户线
普遍关系	管理线干部 2 人以上，部门负责人至少 1 人	技术线干部 2 人以上，部门负责人至少 1 人	采购线干部 1 人以上	财务线干部 1 人以上	直接用户 3 人以上

我们曾经在某省和某个大客户的一把手领导在前期沟通得比较充分，备受信任，大订单基本搞定了，但也仅仅是重点维护了和这个领导的关系，没有做到普遍关系。后来这个领导离任，新领导是原来的副总，他和之前的领导在很多管理理念上有较大差异，销售人员这才意识到他的重要性，但为时已晚，后期维护就比较吃力。有限时间内未能充分挖掘他的需求及顾虑，最终我们与该公司的项目基本终止。

根据笔者这些年做管理咨询的经验，现实中绝大多数公司都会忽略普遍关系的重要性，做项目仅仅就是认识个别人或者个别领导，这是大忌。没有普遍关系，我们的信息来源太少，项目的关系支撑很单一，一旦发生变化，我们做不到及时响应，就会出现上述问题。

关键关系

关键关系就是与对项目起决定作用的人的关系。要想明确关键关系就要先明确客户的决策链，要想明确决策链就得分析以下几个问题。

明确项目对于乙方的资质要求，例如，注册资金、相关认证文件、认证工程师数量等；项目准入条件，如成功案例证明等。还有对产品性能的要求、项目打分标准、分数权重、评分专家等。

要明确拟定标书究竟是谁在起主导作用，是技术部，还是采购部主导，领导是否会参与。有的项目由于涉及的产品和方案较复杂，如通信设备等，主导部门是技术部，采购部门参与；有的项目涉及的产品和服务是标准件，如计算机配件等，比较简单，技术部不参与，由采购部主导；有的项目金额大，十分重要，领导也会参与。

明确评标打分的标准谁说了算，评标打分谁说了算，是技术部、采购部，还是要领导参与。

还要分析最终结果是谁来拍板，是哪个部门领导决定，还是由评标小组根据评标的评分结果直接决定。重大项目，最后的项目决策拍板要由部门领导决定，而一般的项目，评标小组会直接根据打分宣布结果。

分析了以上因素就知道哪个部门、哪些人属于关键关系。

如表 4-4 所示，从以上 4 个维度，我们要根据项目的具体情况来具体分析哪些角色是关键关系，它们在本项目中起何种具体作用。

表 4-4　关键关系分析

决策链	关系线		
	管理线	采购线	技术线
拟定标书		主导	参与
评分标准		参与	主导
评标	参与		
决策	主导		

有一次，我们在国内运作一个银行项目，竞争对手先我们一步搞定了客户技术部门，最终我们拿到的该技术部门拟定的标书技术指标和评分标准都倾向于竞争对手。即使后来我们找了银行负责人进行沟通，负责人也愿意支持，但是标书已经发出，评标标准无法修改，再加上技术部门主导评标和打分，最终分数出来后，行长也没有合适的理由叫停，这个项目就给了竞争对手。复盘这个项目，技术部门就是关键关系，这个案例就说明了关键关系的作用。

组织关系

组织关系就是我们和客户双方组织之间的关系。组织关系的建立是客户关系运作的高级阶段，说明我们和客户的合作顺利推进，已经到了公司层面合作的成熟阶段。

普遍而言，一般公司在运作项目的时候，和客户之间建设的关系是普遍关系和关键关系，组织关系都在销售人员的手里。这种情况对公司而言是比较危险的，因为销售人员可能离职甚至跳槽到竞争对手那里。一旦发生这种情况，公司没有积累任何客户资料，也没有积累任何客户关系，会出现客户关系空白的局面，进而面临巨大的损失。

现实情况是，这种事情经常发生。所以公司一定要尽快发展组织关系，把客户关系抓在公司手里，这样个人原因就不会对公司造成影响。

组织关系建设要注意以下 3 点。

第一，客户关系要分层对接，也就是不同级别的客户角色由自己公司相应级别的角色接待。比如，双方公司的管理高层对接管理高层，中层经理对接中层经理。这使得两家公司的管理者之间直接建立了联系，有利于互相了解，中高层管理者之间的客户关系建设有利于赢得项目。如果销售人员离职，管理团队依然可以顺利对接，维持客户关系，不让客户流失。

第二，客户关系要分类对接，产品行销部门和客户的产品部门对接，研发部门和客户的研发部门对接，以此类推，分类对接客户关系。这种联系使得双方对彼此的业务了解得更深入，我司的产品部门更好地理解客户的产品需求，理解客户计划未来如何使用产品，有利于公司提前做准备。研发部门更好地理解客户对研发的需求，就明白对产品的期待，有利于推出合适的新功能。

第三，定期举行活动，至少举行一次年度活动。在活动中，可以给合作伙伴颁奖，比如给客户的技术人员颁发技术进步奖，给客户的管理干部颁发优秀合作奖。这样有仪式感，给予客户荣誉，客户关系会更为融洽，双方合作水平会逐步提高。

建设组织关系就是要多见面、多活动，在活动中加深了解，提升关系水平。华为就经常邀请客户的技术人员参加技术交流会，邀请客户管理层、采购层参加高端峰会、论坛等，邀请客户高管、代理商老板去深圳参观公司总部等。这些活动使得公司各部门人员和客户各部门人员建立了联系，巩固了关系，多维度维护客户关系，把客户关系留在公司手上。

华为还有两种做法供参考。一是战略合作协议，即和客户就某方面如产品、品牌等进行深入合作，推动两家公司的组织关系建设，如华为在 2021 年和北汽、长安等 3 家汽车企业的合作。二是联合创新中心，与客户进行更紧密的协同，甚至可以做知识产权的共享，如华为和国内煤炭集团在 5G 煤矿技术方面的合作。

总之，普遍关系和关键关系对运作项目是必需的，而建设组织关系则对公司意义重大，是公司长远发展的基础。

在客户方发展支持者

在 To B 项目的运作过程中，我们主要会遇到 5 种关系人，即用户线、技术线、管理线、采购线、财务线（见图 4–10）。这 5 种关系是客户内部按照其职能划分的，这一节我们就来了解这 5 种关系的运作重点。

图 4–10　5 种关系

用户线

用户就是直接使用我们产品或者服务的人，例如，教学软件的用户线就是全体老师。项目的真实需求往往来自用户线，因为他们是直接使用产品的人，可以对产品的性能要求直接提出建议，他们的意见对该项目的技术指标、技术方案的引导有重要的作用，帮助销售抓住客户需求的重点。

用户线由于无职无权，远离客户单位的权力中心，发言没有分量，在决策方面对项目的影响小。同时，用户线易于接触，容易发展成普遍关系，帮助我们了解客户公司内部更为具体的情况，而这些信息可能对项目极为有用。

我们以前做项目的时候特别重视和用户线搞好关系。2005 年，我们在马来西亚做医院项目，用户线是医院的网络部门，竞争对手是阿尔卡特。我们的技术工程师和客户网络部门的工程师做了两次小范围技术交流，并向对方赠送了小礼品，客户的工程师对我们说了很多项目信息。之前客户一直使用阿尔卡特的产品，阿尔卡特为他们服务了 10 年。在外人看来，这个客户是阿尔卡特的铁杆客户，项目很难拿下，当时我们也是这样判断的。但是客户的工程师告诉我们，这 10 年来，阿尔卡特的服务越来越差，不把客户当回事。设备出了问题去找阿尔卡特，它的响应速度很慢、态度很差，客户早就很生气了。但苦于全部设备都是阿尔卡特的，他们也不敢怎么样。这次正好，只要我们的产品性能测试过关，我们的设备能够连上阿尔卡特的设备，能够使用，就有希望。

这给了我们重要的提示。我们就在客户的需求指标上提前做准备，进行说明和引导，对于马上进行的测试工作格外重视。技术人员连夜从网上下载阿尔卡特的网络设备说明书，找到对应的设备型号，开始研究。结果就是我们顺利完成了测试工作，赢得客户的信任，并最终拿下项目。这就是用户线的作用，他们几句话就可以告诉我们内情，教我们怎么做。

技术线

技术线就是客户的技术部门，一般负责收集用户线的意见和需求，把它整理成技术文档，提交给采购部或者管理部门，经讨论后确定招标文件。招标文件里面会明确本次招标的技术要求，包括技术参数、技术方案等。

技术线在项目中起着重要的作用，也可以成为关键关系。

因为在总结招标文件的技术方案时，他们可以突出某些技术指标，也可以屏蔽某些技术指标；可以强调某些特性，也可以忽略。招标文件里面的指标要求就是风向标，它在无声地告诉投标人“客户已经倾向于某个厂家，这个指标就是某厂家擅长的”。所以，在项目运作中，各个参与者都希望对技术部门产生影响，想突出自己的优势指标，击败竞争对手的技术方案。

一般来说，技术线客户仅对项目的技术方案部分感兴趣，喜欢讨论技术细节，比较容易相处。

2003 年，笔者还在某通信公司的分公司工作，负责西南区域三省一市的服务器、网络产品等的销售工作。通过渠道情报得知，西南某省某部门的部门系统网络安全采购项目正在技术选型阶段。笔者进一步了解到，负责该系统技术方案设计的团队来自西南某省的软件公司，该公司属于联想公司的软件代理商。在过去的两年里，我曾经和它合作过几次，彼此诚信互助，且留下了良好的印象。

笔者马上给该公司的技术副总打电话，技术副总说他不方便接电话，因为他在封闭开发。封闭开发的纪律比较严格，是不对外的。笔者说："有个重要的事情想麻烦你。"他迟疑了一下同意了，我们没有在酒店大堂见面，也没有在会议室见面，因为要避开外人，他选择了一个包间，就我们两个人。我讲了项目的情况，他说："你来得正好，我封闭开发结束后就会进行这个项目的系统设计。我知道你们有服务器、存储产品，不知道你们还有网络安全产品，你把资料发给我吧。"临走他还说了一句："也就是你，你要知道封闭期间我一般是不见人的。"我们欣然握手告别，悄悄离开。

他后来按照我们的产品指标参数设置了标书，我们提前在技术方案阶段就锁定了技术指标，把我们公司产品独特的指标写进技术参数要求，等于屏蔽了竞争对手。过了 9 个月，标书出来以后，评分最高的就是我们，该项目有 200 多台网络安全设备，是一个成功运作的大项目。

这个项目运作看起来很轻松，其实"难者不会，会者不难"。找到项目运作的关键点，就是庖丁解牛，游刃有余。这位技术副总在该客户系统有着较高的技术权威，他定了指标，笔者安排代理商投标，当地代理商正常维护关系。

这就是技术线的重要作用，可以成为关键关系。

管理线

管理线就是客户内部和项目有关的各级管理者。一般来说，管理线是要参与项目最后拍板的。在这种情况下，他们是最重要的角色，属于关键关系。

项目的成败就在于如何取得他们的支持，或者至少是他们不会明确反对。

在运作管理线关系的时候，要注意同时取得其他几种关系的支持，比如用户线和技术线，如果用户都说好，技术部门也说这家公司的产品好，再运作管理线就容易。

运作管理线的时候，一般是从下往上逐层推进。当然如果有直接关系，一上来就能见到最高领导更好。

如果客户的拍板决策人只有一个人，运作的底线是不能让他反对，他可以中立。如果反对，底线是不能一直反对，这次不行就下次，要表明态度，持续地维护客户关系。

如果项目的关键决策人有多个，相对好些，关系都要做，就是在管理线里面也形成普遍关系，利用他们之间的关系，互相影响，底线就是管理线不能明确反对。

笔者曾在成都一家企业任销售副总，多年来我们有两个主要的竞争对手，我们在这个行业排第二。对于某大客户我们一直没有打开局面，其和第一名的关系很好，和我们则一般。

笔者判断了一下情况，笔者是新人，新人来了拜访客户领导是应该的，正好也重新建立一下关系，试探一下客户的态度。

笔者曾去北京进行客户陌生拜访，就 10 多分钟，也没有谈什么事情，笔者说："我刚来公司，特来报到，拜访一下领导。"简单的寒暄过后，笔者就走了。然后又见了两次面，每次聊几分钟就走。几次之后，笔者觉得领导的态度并不是很排斥，就尝试发个短信请他吃饭，他也没有回短信。通过几次拜访聊天，他的态度还不错，笔者判断一切正常。之后笔者又去北京出差，到他那里继续拜访，说过来做项目，还要待几天。当天晚上我收到了他的短信"晚上 7 点在某饭店吃饭"。笔者确认他的态度是友善的，对笔者的工作是不反对的。后来，公司顺利拿下了项目。

通过前面几次拜访，已经了解到，技术线是某科室的一个专职工程师，所以笔者对他非常尊重，每次过来都请他吃饭，慢慢地他接纳了笔者。

因此，对于管理线可采取以下两个策略。

第一，多次拜访，不要急于求成。这个客户是个长期客户，不是仅仅有一个项目，是长期都有，所以不能急于求成，一旦印象不好，很难挽回。所以，拜访的频次保持在 10 天左右见一次，不用见得太频繁，不直接提要求，不给客户思想压力，见了三四次，客户对我们有了良好印象之后，就可以开始运作项目事宜。

第二，处好关系，底线是不能反对。在上述案例中，我们的产品在整个项目里面也是个小产品，几千万元的级别，对整个项目而言不算重要，他也不会重视，所以笔者决定不用请他出面来运作这个项目，只要不反对就行。

同时，对于技术线可采取以下两个策略。

第一，发展成为 Coach（线人）。领导不会直接参与干涉这个产品，那么他就是关键关系之一。他设计技术方案、招标文件，要做到有利于我们。

第二，和他相处最重要的一点是尊重他的技术权威。技术线都喜欢强调自己的技术权威，在这方面一定要注意，给他以赞美和肯定。笔者每次来，都约他吃饭，肯定他的技术特长，两人相处融洽。

采购线

采购线就是和采购相关的部门，主要代表是采购部。它负责发布标书、组织评标，可以要求参与投标厂家的相关资质，例如，要求有多少成功案例、要求有相关的行业认证证书、公司年营业额等。这些条件对于有些竞争者就是门槛，所以采购部门可以直接屏蔽一部分竞争对手。

一般来讲，采购产品为标准件、技术规格比较简单的公司，采购部门的意见往往大于技术部门。技术部门一般不参与，采购部门决定最终结果，它就是关键关系。而且，采购部门对本项目的预算等情况都了解，这类信息可以帮助我们做好项目投标报价。

采购线的客户由于对项目有较大的发言权，处于项目的利益中心，投标厂家都在围着他转，所以他比较谨慎，轻易不表态，与其建立联系相对比较难，要通过多种方法逐步建立联系 。

笔者在马来西亚运作过一个政府项目，当时主管 IT 建设项目的是一个州的副州长，但实际操盘的是他的秘书，他的秘书负责采购部门。对于这类项目，一般要做好以下 4 点。

安排活动

笔者组织了客户一行来深圳参观，“回国来公司参观考察”是华为项目运作的重要一招。因为当时，客户对华为并不了解，他们有的人仅仅是听说过公司的名字，有的人连名字都没有听说过，对公司没有印象。华为在当地没有做过什么项目，所以在国际市场发展之初，为了打开局面，只有不惜花钱请客户来中国深圳参观考察。

我们一行下了飞机，公司的奔驰车队就在机场外迎接。司机都戴了白手套，彬彬有礼。到了公司门口，门卫敬礼，车队直接开到公司展厅。此时，客户经理一行人已在展厅门口迎接。我们和客户在展厅门口合影后开始参观。展厅参观环节结束以后，客户经理过来毕恭毕敬地给每个人一个礼盒，里面就是刚才的合影，已经装裱好了，非常精美。客户打开一看，十分惊喜。

特殊体验

午餐安排在公司的VIP（贵宾）餐厅，自己的厨师、自己的服务员，菜单早就准备好了，中国菜名不虚传，客户们非常满意。

下午安排技术交流，公司级的专家讲解和交流方案，让客户的技术负责人看到华为的技术水平。

一天下来，客户的总体感受是震惊，他们基本上都没有来过中国，没有想到中国有一家公司有这样的实力，在第一天的种种见闻、种种细节里感受到了华为的诚意。

第二天，去深圳附近游览景点，赠送客户当地特色礼物，体验中国文化，让客户越来越喜欢华为，大家相处得越来越愉快。

在活动中拉近距离

一路上，笔者特别注意增加和主管采购的州长秘书相处的环节，多接触，多聊天。

择机提出需求

等到行程结束后，回到马来西亚，大家已经比较熟络，笔者感到州长秘书也从心底认可了我们，就提出请他支持我们的项目。因为我们刚刚到马来西亚，没有成功案例，他在采购招标要求方面对我们在当地的成功案例要求放松了，等于给我们打开了合作的大门。后来我们中标了一个百万美元级别的项目，这在当时是非常大的突破。

这就是采购线的重要作用。

财务线

财务线就是财务部门。这种关系通常只有大项目才会涉及，一般规模的项目不会涉及这种关系。

比如，当项目金额在一亿元以上，就会涉及财务线。因为金额大，甲方客户涉及资金的准备，而且大项目的付款流程长，对于乙方所要求的支付方案，也是财务部门负责审批。小项目如 5 万元、10 万元，只要在客户预算范围内，就直接执行合同，财务部门不会直接参与此类项目。

对于涉及财务线的项目，财务线会从财务的角度给出建议：哪些项目的资金预算已经到位，哪些项目的付款可能有问题等，而且从预算角度他们也知道项目的真实预算数据。

项目的资金是否到位、是否有问题，这类信息提示了项目风险，我们以此判断是否参与该项目。

预算的准确数据对投标大有帮助，可以根据项目预算总金额以及各个子项目预算金额，大概猜测涉及我们产品的预算范围，有利于确定项目投标的报价，这对项目至关重要。

和财务线搞好关系，能够了解很多信息，同时也可以通过他们接触管理线，或者关键关系中的决策者。

总的来说，用户线较为容易相处，其次是技术线和财务线，最难建立联系的就是管理线和采购线。

笔者做项目一般是先做用户线，因为容易接触，容易先了解一些项目信息。然后再接触技术线，因为技术线的客户就事论事，就先谈谈产品方案，了解客户的需求。如果该项目涉及财务线，就去接触，然后见采购线，了解他对招投标的想法、对公司资质等准入条件的想法。综合以上信息，对于项目有了较为全面的认识和判断以后，最后见管理线。

当然，这不是一个固定的套路，项目情况千变万化，应根据实际情况来处理，最终目的是项目涉及的关系，都要接触，要把关系搞好。

项目的成败归根结底是客户关系，只有得到客户的理解、支持和信任，他们才会放心把项目给你，所以华为一开始就十分重视客户关系建设和管理。

如何发展和使用 Coach

运作 To B 项目是一个系统工程，需要在 5 种客户关系里面纵横捭阖。这 5 种关系人一般分为 4 类：支持者、反对者、中立者、Coach（见图 4–11）。

图 4–11　Coach

Coach 就是我们在客户组织里面发展的线人、卧底，他们不仅是我们的支持者，还会教我们如何运作这个项目，了解项目运作的关键。

行业竞争激烈，内部情况复杂，利益关系复杂，我们是局外人，在遇到项目以后才开始接触客户，在短时间内，想透彻了解客户组织的情况是很难的。

客户内部的 Coach 可以帮助我们很快了解客户的各种情况，而且知道运作这个项目的关键点，对我们意义重大，因此要养成做项目要培养 Coach 这个习惯。Coach 出现在不同的关系线，可以起到不同的作用。

用户线 Coach

作用

用户线对产品需求很了解。用户线 Coach 会告诉我们以前产品的利弊，从用户的角度出发，说明他们希望的产品是什么样的，需要帮助他们解决哪些问题。

同时，他们还基本了解公司内部的情况，可以告诉我们很多情报。例如，单位内部的层级关系，以前的产品是被公司选中的，竞争对手主要和内部哪些人的关系比较好等，这些信息十分重要。

如何发展

用户线是这个产品的直接使用者，他们希望操作简单方便，希望使用这个产品之后，自己的专业能力有所提升。

所以，我们对用户线就要讲这个产品非常好用，操作简单，对他们的工作有帮助，也能提高他们的专业能力。比如，对于大型医疗设备，我们可以说它操作简单，比较容易学会，还可以提升他们的医疗诊断水平。

最容易发展 Coach 的就是用户线。刚接触项目时，我们接触用户线，会发现面临很多人。我们需要运作项目，在短时间内不可能也没有必要了解全部用户线客户，那么就要在第一次接触之后，在这些人里面选一些和我们比较投机、谈得来的客户，优先和这些人联系。

笔者在华为做项目时就特别注意用户线，一般在做项目的第一天就接触用户线，然后选择其中谈得来的两三个人，先请他们吃饭，送些小礼品，或者经常找他们聊天。这样能得到他们的支持，成为笔者的 Coach。

技术线 Coach

作用

技术线 Coach 对技术方案、技术指标比较熟悉，可以告诉我们对于产品性能指标他们是如何考虑的，竞争对手的技术方案的具体内容，和我们的方案相比，它的优势和劣势是什么，以及公司管理层对于技术方案的倾向是什么。

如何发展

技术线的主管因为是技术出身，对技术细节爱较真，关注产品在技术方面是不是先进，产品是不是方便升级，维护起来是不是方便，主要聚焦技术方面。

和技术线的人打交道要重点谈技术，谈谈技术优势、技术方案的领先，以及成功案例和客户的评价等。

技术线的人比较务实，就事论事，喜欢谈技术细节，和他们打交道要注意以下两点。

第一，我们做项目之前要做好功课，对该项目的技术方案有一定了解，和技术线交流就谈项目的技术方案，和他们有共同的语言，讨论问题多用技术术语，显示我们懂技术。从项目的技术角度出发，和他们考虑同样的问题，这样会让他们感到我们很专业，而且是从他们的角度出发来解决问题。

第二，尊重和赞美他们的专业意见，有利于处好关系，将其逐步发展成我们的 Coach。

财务线 Coach

作用

财务线 Coach 因为知道项目的真实预算数据，可以推测我们的产品的大概预算范围，有利于我们定项目投标的报价，这对项目至关重要。

如何发展

财务线比较重视的就是预算，对他们来说，当然物美价廉最好，能晚点付款，能有账期最好，其他方面他们不怎么关心。和他们打交道主要应强调我们是遵合同、守信用、财务状况良好的合作方。

发展财务线的人做Coach相对比较简单，因为他们的工作性质专业性很强，远离项目的利益中心，习惯照章办事，和他们相处就得用销售的基本功——多接触来建设关系。

管理线Coach

作用

管理线Coach的作用更是不言而喻。他们可以告诉我们这个项目成败的关键，我们需要怎么做，要搞定哪些关键关系等，他们也可以引荐关系，比如直接安排采购线、技术线介入，安排对我们有利的结果。有他们的介入，这个项目就容易多了。

如何发展

管理线Coach更在意的是这个项目能否给公司带来切实利益，以及他们通过这个项目能在公司产生什么影响力。所以，通常他们做项目的底线是安全，要让项目平稳落地，不能出岔子。所以，他们关注厂家品牌是不是够大、产品性能是不是可靠。

所以，我们和管理线打交道的时候，要强调我们的品牌、公司的实力、产品的可靠性。因此，最有力的证据就是公司的成功案例，还有你的成功案例。提供真实可信的案例资料可以打消管理线的疑虑，这样他们就会了解和信任我们。

采购线 Coach

作用

采购线 Coach 负责组织招标，可以决定合作方的资质要求，包括注册资金、成功案例、专业资质等，通过这些资质要求限制筛选合作方。如果我们前期能发展采购线 Coach，这些资质要求可以帮助我们提前击败竞争对手。

同时，采购线 Coach 可以决定评委的产生方式、标书的评分方法，以及每一项指标评分的权重等。Coach 对选谁做评委有可以操作的空间，可以安排对我们有利的评委；可以决定标书的评分方法，这更会比较直接地影响结果；可以在对我们有利的得分项上加大权重，对我们不利的得分项降低权重或者直接删除。

如何发展

采购线和管理线的特征差不多，他们也是首先考虑这个事情不能出岔子，同时负责组织招标，对资质要求、招标流程比较熟悉，是具体操作这个项目的人。他们还会考虑这次招标的预算够不够，资质该如何要求，选哪个厂家合适。

和采购线打交道，就是要强调我们的实力、资质，价格方面要尽可能满足他们的要求，强调项目一定会让其满意，不会出问题。

Coach 的作用，如表 4-5 所示。

表 4-5 Coach 的作用

客户角色	关键词	Coach 的作用
管理线	最后表态的拍板者	告诉我们这个项目成败的关键； 引荐客户关系，安排采购线、技术线等介入
技术线	单纯 + 理工男	告诉我们关于产品性能指标，他们是如何考虑的； 告诉我们竞争对手的技术方案情况； 影响领导对技术方案的选择
采购线	复杂 + 操盘手	通过项目资质帮助我们或者限制竞争对手； 通过安排评委影响打分结果； 通过标书的评分方等影响打分结果
财务线	事不关己	告诉我们项目的真实预算数据
用户线	易于成为 Coach 了解内情	告诉我们项目的产品需求； 告诉我们客户内部情况和竞争对手情况

5 种关系线 Coach 如何相互影响

了解了 5 种客户关系线中 Coach 的基本情况之后，我们还需要知道如何让这 5 种关系里面的 Coach 发挥作用，影响其他关系线，发展更多的 Coach 来对抗我们的竞争对手及其 Coach。

在项目里，我们要探明谁是我们的 Coach、反对者、中立者，也要了解对手的 Coach、反对者、中立者。这就像打牌一样，我们和竞争对手都有 5 张牌，要用我们的 Coach 去打对手的牌。

用户线是最容易被影响的，他们一般无职无权，属于基层的工作人员，他们可以发表自己的意见，但如果管理线和技术线告诉他们自己的倾向，那么用户线就会尊重他们的意见。

和财务线有关系的部门就是管理线和采购线，这两条线一般都会对项目起决定作用，他们的意见传到财务部，财务部就明白了，不会反对。

和采购线相关联的部门是管理线和技术线，管理线可以使用自己的管理权力要求采购线，技术线可以从技术层面提出要求影响采购线。

技术线的工作比较复杂，既要到用户那里调研需求，了解一线对产品的期望，又要和采购沟通，了解本次的预算，有没有合适的供应商。采购线有管理权力，也可以影响技术线的决定。管理线也可以影响技术线的决定。基本上，其他 4 种关系都会影响技术线。

管理线的职位比较高，别人决定不了他的态度，只能影响他的态度。用户线能不能影响他呢？可以，因为用户线从一线的角度出发，可以合理地反映自己的诉求，作为管理者要考虑这些诉求。同样，技术线可以从技术的角度出发，用自己的技术倾向影响管理线，采购线可以以价格、公司资质、成功案例影响管理线，财务线也可以以成本、预算影响管理线。

每种关系线可以影响谁，又会被谁影响，如表 4–6 所示。

表 4–6　关系线之间互相影响

客户角色	可以影响谁	会被谁影响
管理线	技术线 采购线 财务线 用户线	技术线 采购线 财务线 用户线

（续表）

客户角色	可以影响谁	会被谁影响
技术线	管理线 采购线 财务线 用户线	管理线 采购线 财务线 用户线
采购线	管理线 技术线	管理线 技术线
财务线	管理线 采购线	管理线 采购线
用户线	管理线 技术线	管理线 技术线

一个项目里面存在5种客户关系，赢得项目是一个博弈的过程，不可能所有人都是我们的支持者，这就需要我们尽可能发展支持者，团结一切力量对抗反对者。

第五章

To B 项目销售从端到端的运作

To B 项目发展分为 6 个阶段，可以使用 7 种营销武器；同时，我们要学习华为“准直销”渠道销售模式，学会销售漏斗管理。

To B 项目销售流程管理

在 To B 项目运作中，我们既要运作客户内部的 5 种关系，也要了解项目发展的规律。本节主要讲 To B 项目发展的 6 个阶段及对策，掌握项目发展的规律，并拿下客户。

To B 项目发展有 6 个阶段，分别是产生采购需求、内部准备、方案设计、评估和比较、投标竞争、购买和实施（见图 5–1）。

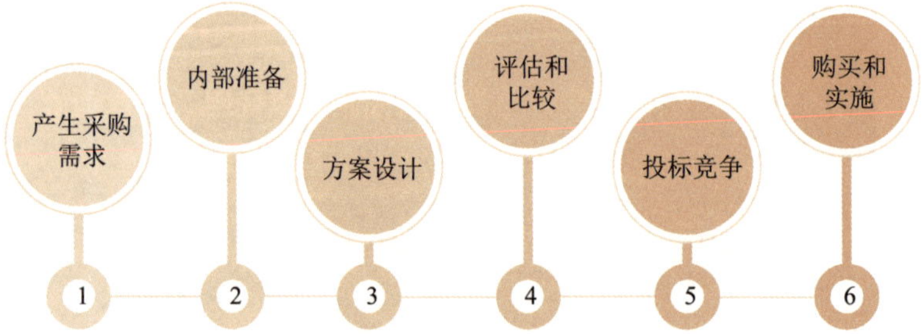

图 5–1 项目发展 6 阶段

产生采购需求

这个阶段就是客户的用户线或者管理线等角色发现在实际工作中需要某种产品或者服务，当他们把这个需求上报到管理线之后，也得到内部初步的认可，同意继续推进，这时一个明确的客户需求就产生了。

比如，某中学因为在多地有分校，学生有同时上课的需要，授课老师就提出需要视频教学系统。校长同意了，经费预算也支持，这时，这个中学的视频教学系统的采购需求就产生了。

客户在产生采购需求阶段，对销售而言，最重要的工作是尽早介入项目，越早越好，因为介入越早越容易引导客户。第一时间介入项目，我方的意见很容易被客户接受，且有更充足的时间来说服客户。即使后来有竞争对手介入，大部分情况下也是以我方的意见为主要参考。

2005 年，华为在马来西亚的某医院的项目就是因为介入早，在竞争对手尚未察觉的情况下，和用户有了充分的时间交流，对他们的网络改造需求有了全面的了解，同时，也发现医院对服务的及时响应非常看重，了解原来的供应商提供的售后服务越来越差，医院很不满意，这些信息使得华为在后继特别重视售后服务。

另外，在这个阶段，销售需要注意发现客户隐藏的需求。某些需求，表面上是要买设备、买服务，背后更深层次的原因可能是因为客户组织的迭代，需要更优质的产品，也可能单纯是之前的供应商产品或服务不到位。总之,销售还需要进一步挖掘客户特别的要求或考虑，要把隐藏在项目需求背后的原因挖出来。

学校采购视频会议系统，医院采购高端医疗设备，一方面是解决现有问题，另一方面也可能是为了评优。还有的客户是今年预算还没有花完，过期作废，需要尽快上一个项目，追求高大上，而不注重实际效果。

对客户的项目需求有更深的把握，有利于我们了解客户的心理，优化我们的销售方案，同时有针对性地宣传我们的优势，说服客户。

2004 年，笔者运作西南某政府客户的网络安全项目，客户的需求是保证网络通信的安全。通过拜访客户发现，它背后有一个很明确的需求就是对维修服务很在意，而一旦需要维修服务，供应商的技术人员就得进入办公区域，因为是政府安全部门，对此很敏感，所以希望国产品牌优先。为此，我们就强调自己的国产品牌背景，这正是客户需要的。

内部准备

产生明确的需求以后，客户内部开始进一步讨论。用户线、技术线开始介入项目，思考和讨论什么方案、什么产品最好，什么厂家合适等。

还以上面中学视频教学的需求为例，老师和技术部门一起考虑什么硬件合适，显示屏要多大，清晰度的要求怎么定，什么软件系统合适，采购国外品牌还是国内品牌，对售后服务有什么要求等。

采购线和管理线也可能会介入。采购线主要考虑系统的价格，确定预算等。管理线则要了解项目基本情况，确保产品的选型可靠。

这个阶段销售的重点工作就是技术方案的引导以及客户关系运作，尽快接触 5 种客户关系线，同时有目的地发展 Coach，在尽可能短的时间内把 5 种关系拜访一遍，了解客户的内部情况，了解他们的态度，看看谁是反对者、谁是中立者、谁是竞争对手的 Coach 等。这个阶段要让 Coach 告诉我们这个项目应该怎么做。

笔者在华为做项目的时候，在这个阶段一般是尽可能快地拜访用户的几种关系线。一般，笔者会在进入客户单位的第一天拜访两三种关系线，楼上楼下走几趟，频繁走访。如果客户都在，就争取在两天内拜访完项目涉及的所有角色。然后综合评估，从最容易发展 Coach 的环节入手。

2005 年，华为在马来西亚做某医院项目，我们在接触用户的技术线和用户线之后，发现对方的技术工程师对我们的态度比较和善，同时对原有设备供应商意见很大，我们就注意和技术工程师搞好关系。我们准备了几份精美的礼品包括茶叶、刺绣等，对方欣然接受，后来再安排请客吃饭，他给我们介绍了很多项目情况，尤其是明确指出服务的重要性，这有利于我们赢得项目。

2004 年，华为做西南某政府网络安全项目，客户在内部讨论阶段，因为自身技术部门不够专业，特地委托设计方，所以该设计方的意见则成为项目成败的关键，用户线透露的这一信息为我们的工作指明了方向。

方案设计

经过前期的讨论，客户对需求有了比较准确的定义，这个阶段销售就要形成一个具体方案。

在这个项目里，我们要明确自己的优势是什么。在技术指标、品牌、价格、服务等方面哪些比竞争对手强，要在方案里突出自己的优势。

人无我有的服务

如果竞争对手在售后服务方面有短板，售后服务不能做到 24 小时响应，我们则要强调售后服务要求 24 小时响应，3 小时到现场服务。

独特的技术

如果我们有某项独特的技术指标，那么就要大力宣传和推荐，让用户认可，写入招标方案的技术要求。如果我们的某些技术指标不如竞争对手，就强调大家的产品都能满足实际工作需要，某些具体指标没必要定得过高。

价格优势

如果大家的价格都差不多，就要突出我们的品牌优势、国产优势或者服务优势。

总之，这个阶段要通过设计方案建立门槛，利用自身独有的优势屏蔽竞争对手。

2004 年，华为做西南某医疗行业客户项目，客户的网点有 1000 多个，需要每天晚上和行业主管单位同步数据。客户对数据安全比较重视，要求网络安全设备自行检查数据，当然检查的速度越快越好，而我们的设备在此项指标的性能好，优于竞争对手，我们就引导技术方案，强调此项指标，于是我们的评分就高，战胜了竞争对手。

评估和比较

在这个阶段各个竞争对手都已经参与项目，也分别提出了技术方案，用户开始分析比较。

一般而言，用户都不如厂家专业，他们只了解一部分技术，对技术方案似懂非懂，需要厂家解释和说明，这正是厂家引导用户的时机。我们要突出方案的优点，尤其是用过往成功案例说明方案的可行性。也可以收集以前用户的表扬信，把它们整理成手册。

华为就很注重总结每个行业的成功案例，制作成册，多达几十页，制作精美。总部整理了上百个行业的成功案例，交给一线代表处使用。在代表处的小库房里，有厚厚的十几摞，各个行业的都有，客户经理拜访客户的时候会选择对应行业的小册子，送给客户。

这个阶段也可以邀请客户参观样板点，百闻不如一见。客户同意来参观，我们就有了进一步宣传自己的机会。

投标竞争

进入招标阶段，客户要拟定招标文件，这时，技术线、采购线和管理线都会介入。

招标文件里面会要求投标方的资质、技术指标，确定评分方法和评分标准，这些都是影响项目成败的关键。

这个阶段是项目运作的关键，竞争者各显神通，争取将对自己有利的条件写入招标文件，同时争取给竞争对手设置门槛，限制对手。

项目的 PK（对决）最终还是客户关系的 PK。这就要求我们全面了解客户内部的关系。这时，Coach 就要发挥作用，和他讨论该如何做、做谁的关系、如何打击竞争对手等。

另外，这个阶段可以适当安排商务活动，加大运作力度，借机和客户处好关系。

笔者在马来西亚曾经运作一个政府项目。当时，我们第一次接手政府项目，竞争对手是思科，双方都在运作这个项目，竞争比较激烈，项目发展到投标竞争阶段，局势依然不太明朗，客户态度不明。针对这个项目的情况，考虑到该项目的重要性，笔者特意邀请了该项目的操盘手等人来深圳参观。两天的考察给他们留下了深刻的印象，使他们对华为的态度大为改观，转而倾向于华为，后来华为顺利中标。

实施和维护客户

投标之后，得分最高的投标方会胜出，进入项目实施阶段。项目实施之后，要注意维护客户关系，不能做一锤子买卖。

成交老客户更容易，这是销售界的共识。第一次成交以后，从不认识到认识，从局外人变成朋友，从供应商转为合作伙伴关系，长期合作。

笔者一般会在项目中标之后，关注项目供货的进展，等到设备进场之后开始项目交付实施。一般在一个月左右完成，然后一个月左右，我会再次联系客户，问问项目情况如何，和客户保持联系，两个月以后再联系客户。这时，可以提出请求，如请他帮忙介绍新客户。只要把老客户服务好，他就会介绍新客户。马来西亚某医院项目中标之后，华为的服务质量好，客户开始向我们推荐新客户，因此华为在当地医疗行业发展得越来越好。

掌握项目发展的 6 个阶段以及应对策略，可以让我们看清项目发展的脉络，理清项目运作思路。

尽早参与，深度了解

针对 To B 市场的行业项目营销，华为总结了 7 种常用的武器：展会、拜访、技术交流、测试和样机、赠送礼品、商务活动、参观考察（见图 5–2）。

图 5–2　7 种武器

在项目发展的 6 个阶段可以使用这 7 种武器，可以视项目的具体情况组合使用。核心是建设客户关系，让用户了解我们，了解我们的产品和服务，对我们产生信心，建立信任，最终达成合作。

展会

展会的应用场景非常广泛。

在市场拓展初期，我们可以自主举办展会，也可以参加各行业或者区域组织的大型展会。我们邀请客户参加，可以让客户见证我们的实力和诚意，可以树立客户的信心。另外，展会可以一次性高效接待很多客户，这对我们收集项目线索很有利。

在项目运作阶段，展会可以提供和客户沟通交流的机会，借机安排技术交流会或者商务活动，增进客户关系，推动项目发展。

前面我们提到客户的 5 种关系，在展会上可以根据项目需要，有目的地安排不同的关系线来参加活动，让他们成为支持者或者 Coach。比如，如果客户的技术部门对我们还有疑虑，就重点邀请技术部门的客户参加，在现场给予重点接待，安排我方技术高层出面会谈。这既展示了我们的技术实力，也建设了客户关系。

华为一般会在当地最好的五星级酒店举办展会，规模在 100 人以上，会邀请目标行业客户以及合作伙伴等参加。

数通产品线在国际市场的拓展过程中，一般在一个国家拓展三四个月以后，总部就会要求在当地举办一场大型展会。

当时泰国分部的展会是在五星级酒店举行的，并安排了专业的策展团队保证效果，邀请了当地几大知名总代理商以及 80 余家集成商、软件公司等，现场有 100 多人。销售会讲解我们的产品、成功案例，这给客户留下了深刻的印象。其间交换名片，了解客户情况，认识更多客户和代理商。

泰国团队还会安排回访，再次和客户、代理商谈论市场、项目，开始合作。这就是典型的从市场活动到销售线索，再到销售的流程，可以逐步打开局面。

拜访

一次成功的拜访可以给客户留下深刻的印象，初步获取信任。

拜访之前要做好准备工作，如收集客户的信息，带上资料，整理着装，注意仪表，注重商务礼仪。

着装注意“三色原则”，就是服装不要超过三种颜色。男士要注意发型，不要太乱，指甲要整洁；女士注意不要化浓妆，最好穿职业装。

华为员工在商务拜访、商务接待时尤其重视着装，必须穿西装，打领带，皮鞋要擦得锃亮，发型整洁。

美好的印象是在前 3 分钟建立的，第一印象很难改变，因此，我们见每一个客户都要做好准备。

拜访从和客户握手开始，握手要有力，3 秒左右，交换名片，落座，进入开场白环节。要给自己设计一个漂亮的开场白，要简洁、大方、有趣，控制在 1 分钟以内。

开场白以后，不要急于切入正题，这是很多销售人员应该注意的环节，要寒暄，拉近和客户的心理距离，让客户放松下来，让会谈气氛轻松起来，拜访的效果会好得多。

寒暄的原则是“赞美”，真诚地赞美对方的优点或者成绩，客户会开心。具体赞美客户的哪些优点？这就需要在拜访前做功课，了解客户的情况。例如，他年轻有为，进入其所在部门以后，业绩突出；管理公司多年，公司发展得越来越好。

寒暄一般持续 5 分钟左右，之后慢慢切入正题。开始交流时要多听少说，为了多听，就要会问，根据问题的性质使用开放式提问和封闭式提问，以便了解客户的想法和需求。

抓住时机提出方案建议，解决异议。第一次陌生拜访要控制在 20 分钟以内，结束时可以有礼貌地预约下一次见面等。

这是一个完整的流程。

在华为，我们经常模拟常见的客户拜访场景，有人扮演客户，其他人练习登门拜访，旁边的人观察，一次交谈几分钟。这一轮演练结束以后，角色互换。

这个过程很有趣，通过对不同角色的扮演和观察，我们会看到自己的不足，继而强化训练。

熟能生巧，练习多了，在客户拜访时就不会恐惧了，进而提高拜访水平。

技术交流

在和客户接触以后，提出我们的初步方案，就可以推动客户安排技术交流。

技术交流是一个非常重要的环节，尤其是第一次技术交流，要让客户对我们的技术有信心，底线是不排斥。安排我们的技术人员主讲，他们要表现得专业，体现公司的实力。在准备方案之前，销售人员要了解客户的技术需求，并和技术部门沟通，要结合客户关心的问题，突出我们的应对方案，同时，强调我们独特的优势。

技术交流会主要是讲技术解决方案，目的是引导解决方案的方向，让客户听我们的安排，屏蔽竞争对手。

一般在第一次拜访之后，我们会在第二周预约客户时间，安排技术交流会，邀请对方的技术主管等人参加，借机和对方技术线建立联系，最好能发展 Coach。

测试和样机

在技术交流完成以后，要趁热打铁，提出让客户使用样机，或者安排测试等，让客户亲自体验。其实这是为了让客户熟悉我们，建立多维度联系。

比如，华为一般会在技术交流会上提出测试或者样机的试用方案并敲定，会后立即安排。华为对样机测试非常支持，基本上客户需要多少就拿多少。如果样机在使用过程中发生损坏，也由公司承担成本。

等客户使用了我们的样机之后，我们就可以经常拜访，了解样机使用情况，嘘寒问暖，实际也是为了发展客户关系，了解客户态度。

赠送礼品

礼品可以打动客户，拉近我们和客户的距离，增进客户对我们的好感，有助于客户对我们产生信任。销售工作归根结底还是人的工作，成败的关键还是客户关系。

在合适的时机送合适的礼品，可以起到事半功倍的作用。要注意的是，礼品不在于贵重，而在于贴心，要突出对客户的体贴、尊重。

华为在接待参观的客户时，进入展厅首先合影，然后在客工部同事的陪同下参观展厅。在参观完展厅后，客户经理会把合影相册送给客户。

这个环节会给客户留下非常深刻的印象，他打开相册，看到了友谊，看到了尊重，看到了我们的真心，会非常感动。

客户继续参观时，会对我们敞开心扉，愿意了解更多，表达更多，气氛很活跃轻松。这就是一个小礼品的作用。

华为在接待俄罗斯、日本、韩国、欧洲等海外客户时，除了参观坂田基地，还带他们到其他国内城市转转，逛逛我们的大型商场，看看中国的丝绸、茶叶等。在他们上飞机前赠送他们丝绸围巾、丝绸手绢、龙井茶叶等。其实，这些东西不贵，但是可以感动客户。

华为与这些客户建立了长期深厚的感情，不仅仅是公司层面，在个人层面也建立了友谊。

多年以后，即使我们离开华为，也和他们保持着联系。

商务活动

在和客户建立了联系后，经过几轮拜访、技术交流会，彼此之间已熟悉，项目也正常推进，这个时候要考虑安排商务活动，继续推动项目发展。

一般来说，商务活动不会安排在公司，会选择旅游景区等环境好的地方，最好是在外地，如果在本地就选择一家酒店。

商务活动可以安排酒会、冷餐会、团建活动等，主题可以是技术研讨、方案研讨等。其实主题并不重要，主要是解决客户疑问。

商务活动的气氛比较轻松，因为大家彼此已经熟悉，可以在活动中放松地谈问题。

在商务活动中可以择机提出我们的诉求，如需要客户提供什么帮助或怎么配合，看看他们的态度，听听他们的意见，大家一起讨论，推动项目发展。

要注意，成交的前提是产生信任，客户不信任则不会投赞成票，商务活动就是产生信任的时机。

在华为，一线工作的主要内容就是各种拜访和商务活动。大型、中型、小型的活动都有，针对不同项目的发展阶段，选择合适的时机安排。小型活动邀请四五个客户，找个不错的餐厅，一起吃饭聊天；中等规模的活动一般 10~20 人，可以举办冷餐会、烧烤晚会；大型活动在 50 人以上，一般 100~200 人，需要在五星级酒店召开。

参观考察

组织客户的相关人员组团来公司考察是推动项目的重要武器，可以在项目发展进入方案评估阶段做出安排，让客户实地考察，以此了解我们，信任我们。

参观公司是华为的撒手锏，华为的考察接待水平在业内可以说有口皆碑。

在华为，负责接待客户参观考察的部门是客工部，该部门有 200 多人，专职负责接待来自全球的客户，接待流程标准，细节堪称完美。

我们一般都会先得到参访客户的名单，按照人数和客户的级别选择对应的接待级别，然后填写客户接待申请电子流，电子流批准之后，其余的事情就不用操心了。

接机环节和展厅环节前文已介绍，此处不再赘述。

午餐环节

一般参观完两个展厅以后，中午会安排在坂田基地的餐厅吃饭，中国美食一般都会赢得客户的赞美，气氛开始变得轻松。

对于个别重要客户，客工部会把客户公司的名字印在餐盘上，上面写着“欢迎某公司的客户一行”，这会让客户非常开心。

技术交流与高管接待环节

下午会有技术交流，针对客户此行关心的技术问题，有目的地安排对应的技术专家交流，给客户答疑解惑，让客户放心。

同时，会按照级别对等原则安排华为的高管出面接待客户的高管，让他们感受到尊重。

购物与礼品环节

客户都住在五星级酒店，第二天会安排到附近的景区旅游或者购物，有时，也到其他城市继续参观考察。临行前，我们会安排送一些精致的小礼品，一般都是有中国传统文化特色的礼品，如各地的茶叶、刺绣、字画等。

客户回去以后，过几天，我们会登门拜访。这个时候，大家就已经熟络了，可以轻松地谈论项目订单。

以上这 7 种武器可以在项目发展的 6 个阶段发挥威力。

在项目产生需求的阶段，最适合的武器是拜访，以此接触客户、了解客户。当然也可以带上公司的小礼品，通过展会认识客户，发现客户需求。

在项目的内部准备阶段，最适合的武器是技术交流、小礼品。

在项目的方案设计阶段，最适合的武器是技术交流、展会、商务活动。

在项目的评估和比较阶段，最适合的武器是参观考察、技术交流、商务活动。

在项目的投标竞争阶段，最适合的武器是参观考察、商务活动等手段。

在项目的购买和实施阶段，最适合的武器是小礼品、商务活动等手段，主要是维护客户关系。

华为从线索到回款的流程

2010年，华为销售额为1850亿元，其中国际市场占65%，净利润238亿元。当时，公司员工达11万人，公司处理合同达5万多个，290万个订单，大量的工作是手工处理，没有统一的流程支持，效率明显降低，因此公司决定进行流程再造。

从公司经营角度看，任何公司都有4件大事：一是产品研发和生产；二是市场推广；三是销售；四是售后服务（见图5-3）。

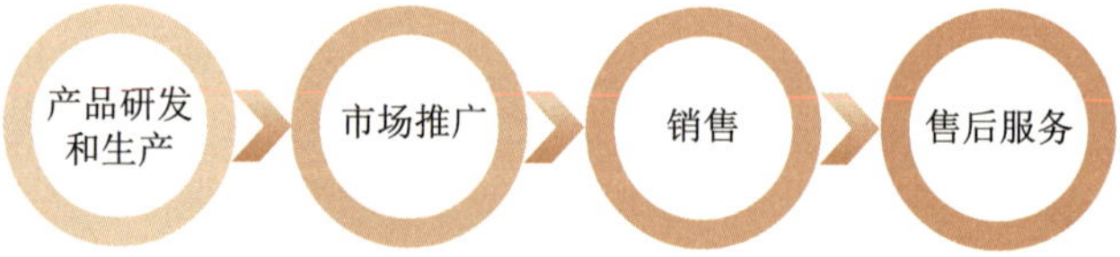

图5-3 公司的4件大事

华为也一样，我们可以参见图 5–4。

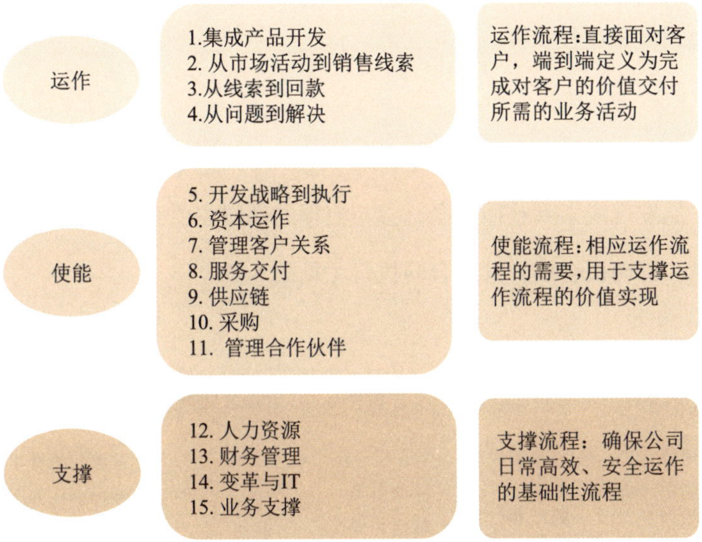

图 5–4　华为公司流程体系

从图 5–4 可以看到，运作类流程有 4 个一级流程，端到端地定义了从产品、市场、销售到售后的业务过程，实现了以“客户为中心”进行价值创造的业务活动。

LTC 流程作为运作类流程之一，是秉承“以客户为中心”的思想，从销售视角建立的“发现销售线索—培育线索—将线索转化为订单—管理订单执行/回款”的流程。

2010 年，为了强调 LTC 的作用，华为进行了 LTC 变革，其最终目标是通过不断优化以客户为中心的运作和管理，提升整体经营指标，包括财务指标、客户满意度指标、运营绩效指标，实现卓越运营，让所有参与销售、回款业务的人员按流程工作，统一方法、业务语言、行动逻辑和过程步骤。

LTC 流程介绍

从发现线索到收回现金，参与流程的部门主要有三类工作：管理线索，管理机会点，管理合同执行（见图 5-5）。

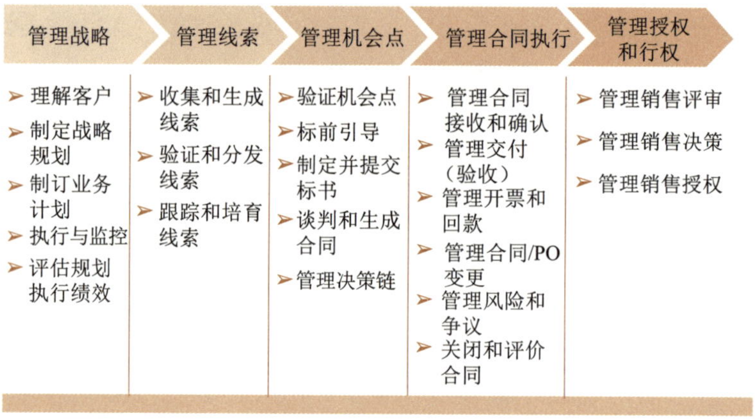

图 5-5　LTC 流程示意

管理线索

管理线索的模块包括收集和生成线索、验证和分发线索、跟踪和培育线索（见图 5-6）。

收集和生成线索，就是通过市场活动、代理商提供、客户提供、

图 5-6　管理线索

员工发现等途径得来的销售线索，销售队伍进行统一收集和整理、汇总。

验证线索就是需要销售人员联系客户，通过拜访或者电话、邮件联系，直接验证这个项目的信息，确认项目需求真实存在，并且有预算。

线索经过验证以后，就进入分发线索环节，即把项目分配给相应的销售人员。项目的分配一般是参考区域和行业两个维度，优先分配给本区域内负责该行业的销售人员。

然后是跟踪和培育线索，这时就进入项目销售阶段，销售人员要跟踪该线索所对应的客户，通过拜访等工作开始建设客户关系，了解客户的实际需求以及“需求背后的需求”。

当我们了解了客户的需求，会发现客户不一定完全了解该项目涉及的技术和方案，这就需要销售人员有目的地引导客户接纳我们有优势的技术方案，同时，适当引导客户扩大项目合作范围，以备一个更为全面的方案，包括该项目的 1 期、2 期、3 期规划。1 期规划先行，后面越做越全面。

例如，2009 年，华为做重庆某银行的数据存储项目，一开始客户只是规划了分行的数据存储，华为介入以后，就从技术角度提出全面方案，规划从县级到市级单位全部进行数据存储。这样一来，项目第一期先做市级单位，第二期做县级单位。

管理机会点

管理机会点包括验证机会点、标前引导、制定并提交标书、谈判和生成合同、管理决策链（见图 5-7）。

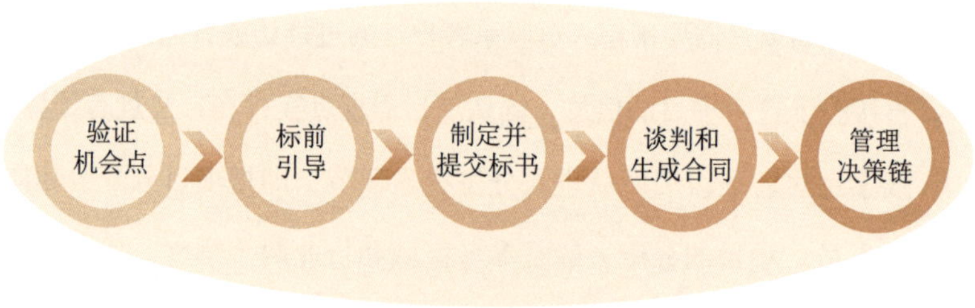

图 5-7　管理机会点

验证机会点就是要对机会点进行综合评估，判断该机会是否有效，是否值得做，有多大的把握能把项目做成。这一步需要决策，要进行综合评估，需要整个销售项目团队以及相关的职能团队共同完成。

销售负责人评估客户关系、决策链，主导商务谈判，保证合同盈利。解决方案技术负责人分析客户需求，分析竞争情况，规划技术解决方案。交付负责人分析项目的可交付性和交付风险。把这些评估归纳汇总，提供给销售决策人，由销售决策人评估总体把握度以便决定该项目是否立项（见图 5-8）。

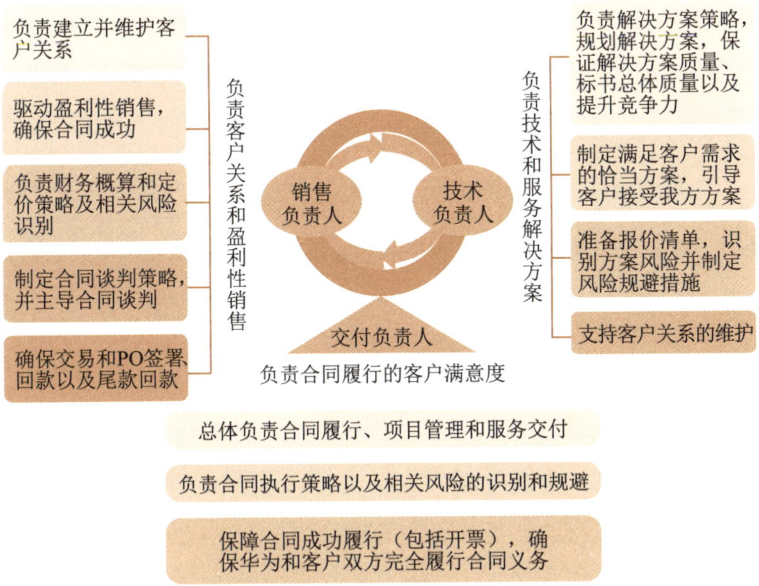

图 5-8　职责分工

标前引导的重点是提交解决方案，就是在客户发标书之前，以解决方案为核心对客户进行全方位引导，能够影响客户接受我们的方案，让客户将我们的优势写进标书。这样在评标的时候，我们的得分就高。同时，引导客户在标书里设置各种门槛，对竞争对手形成屏蔽，减少其得分项。

制定并提交标书环节的重点是保证答标的质量，按时保质完成。这个环节需要销售团队领头，协调产品部、投标办等各个团队一起工作：销售团队负责落实各个产品的报价，产品部提供技术标部分的答标内容，交付部门负责项目实施的答标内容，投标办负责整合内容来制定标书。一般在投标要求时间前一两个月就开始启动制定标书，往往是投标前一天的深夜还在核对价格等细节，加班制作标书，所以要控制好时间，做好标书的质量控制，保证标书质量。

谈判与合同环节要评价合同质量。中标以后，在签订合同之前，还有一次机会判断合同是否应该签署，这又是一个决策评审点，由销售负责人牵头，联合技术负责人、交付负责人开会讨论，评估合同的盈利水平，工期是否可以保证，是否有成本增加的风险等。如果综合评估存在风险，则上报代表处进行审批，在本环节还是可以选择放弃，当然会付出一定的代价。

管理合同执行

这个阶段的主要工作就是管理合同的契约化履行（见图 5-9）。

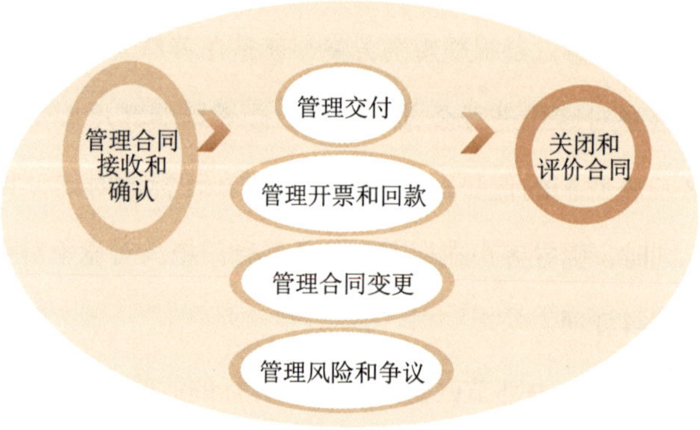

图 5-9　管理合同执行

接受合同就到了交付部门，交付部门和销售部门确认了合同内容之后，进入交付阶段。

在合同交付阶段，客户的需求可能变化，接到客户的变更申请之后要启动变更的评审决策，由交付团队判断是否接受客户的变更要求。如果接受，则要通过谈判确定合同变更的条件。谈判工作由销售人员牵头，由技术人员评估变更方案在技术上是否可行，由交付人员评估项目施工的周期和成本，形成结论性方案，最终报代表处审核。

关闭和评价合同环节是管理合同的最后一步。

关闭合同之前要完成交付的所有环节的复查，以便对整体合同质量进行评估。合同质量评估就是评价合同，包括合同本身签订的质量与合同履行的质量，合同是否盈利，盈利水平如何，合同工期是否得到保证，合同验收是否顺利，其间客户是否要求整改，整改过几次等。这些评价最终整理归纳之后，公司会进一步改进流程，公司存档，以备后续需要。

销售漏斗管理：储备项目的检查

通常来说，公司会同时运作多个项目，而且这些项目都处在不同的发展阶段。这时，公司总部就需要对销售团队的这些项目进行管理，要有相应的管理工具和方法。

把公司所有项目进行统一管理的工具就是销售漏斗，对 To B 销售管理来说，销售漏斗是一个重要且必需的管理工具。

销售漏斗是随着现代销售不断发展积累形成的先进管理方式（见图 5-10）。

20 世纪初，销售成为一种职业。早期的专业销售方法相对单一，如对销售对象的诱导式提问或封闭式提问。此时出现的戴尔·卡耐基的“人际关系学”帮助销售人员形成人际影响力，是这个阶段比较有代表性的方法论。

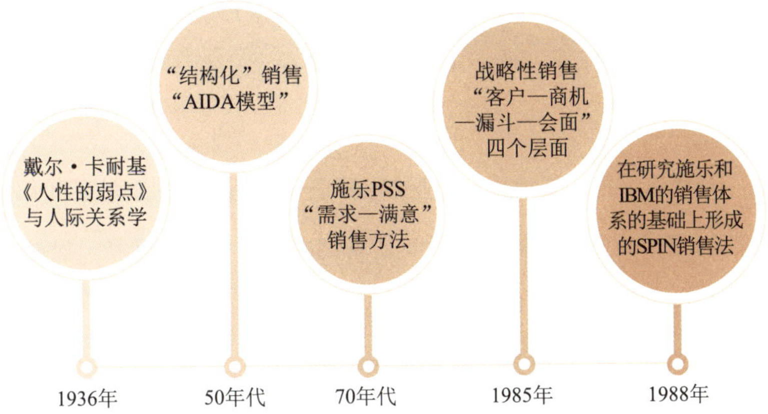

图 5-10 现代销售发展历程

二战以后，产能过剩，销售竞争日趋激烈，出现了更有逻辑性的"结构化"销售过程方法，形成"销售公式"，方便销售人员规模化使用。这一时期的"AIDA① 模型"至今仍被广泛使用。

20 世纪 70 年代，市场竞争更为激烈，销售的产品也愈加复杂，出现了复杂销售的专业方法。施乐和 IBM 两家公司为 To B 销售的发展做出了卓越贡献。

当时施乐公司面临从复印机业务向 IT 业务转型的挑战，于是投巨资研发了一套基于用户"需求—满意"的销售方法，这套方法就是我们常说的 PSS（Professional Selling Skill，即专业销售技巧）。在此基础上，施乐的一位业务架构师迈克尔·博斯沃思将其

① AIDA 是 Attention（注意力）、Interest（兴趣）、Desire（意愿）、Action（行动）的首字母缩写。

发展为“解决方案式销售”（Solution Selling）。尼尔·雷克汉姆通过研究施乐和IBM这两家大公司的销售体系，创立了著名的SPIN销售方法。

全面奠定现代复杂销售专业方法及管理体系基础的则是来自IBM的前销售员史蒂芬·黑曼以及专业咨询顾问罗伯特·米勒。黑曼在IBM做了20年销售，取得了卓越的业绩，后来认识了米勒，两人一拍即合，于1985年共同出版了《战略性销售》一书，正式推出“战略性销售”的方法。

黑曼和米勒提炼IBM的销售经验，同时承继了施乐PSS中的观点，提倡基于买卖双方“双赢”的销售哲学，将To B销售过程定义为“复杂销售”。从20世纪80年代到90年代，两人将销售方法扩展到“客户—商机—漏斗—会面”完整的四个层面，覆盖了大客户开发和管理、单个商机控制、销售漏斗评审和预测、提高销售拜访/客户会议的产出效率等层面。

发展到今天，销售漏斗的形式如图5–11所示。项目的整个发展过程通过这个漏斗模型来模拟，很形象，也很实用。

在销售工作中，首先是发现销售线索。这些线索属于情报，没有得到确认，销售人员跟踪这些线索，联系客户，然后确认项目需求真实存在，并且有预算。这时，线索就转化为项目机会或者商机。

我们把项目线索比喻为一滴水，多个项目机会就是多滴水，汇聚

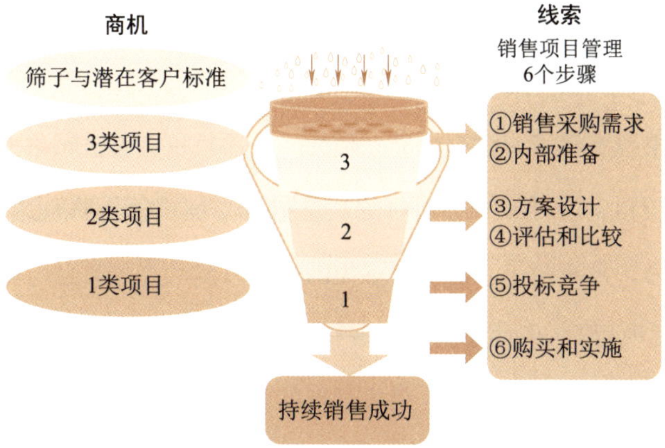

图 5-11 销售漏斗

成水流——商机。当项目机会进入销售漏斗管理工具，如图 5-11 所示，通过层层过滤，经过漏斗的 3、2、1 层不同的位置，也就是项目发展的不同阶段，3 层对应项目的第一阶段——产生需求、第二阶段——内部讨论，2 层对应项目的第三阶段——方案设计、第四阶段——评估与比较，1 层对应项目的第五阶段——投标竞争阶段，最终水从漏斗下面的小喇叭口流出，比喻项目成交，对应项目的第六阶段——采购与实施。

值得注意的是，在漏斗第三层的上面还有一层筛子，它是防止渣子、碎石这些杂质流进漏斗。这个筛子被比喻为项目机会的评判标准，项目情报要经过验证才能成为项目线索。

华为要求在验证项目是否为有效商机时，至少要和客户接触，不管是面谈，还是电话或邮件，都要先接触客户，确认这个项目的采购需求，而且采购有明确的时间规划，一般要求 1 年内有采购计划，这样这个项目线索才是有效的。

如果没有筛子，没有标准，随便一个项目机会就被销售人员定义为 3 类项目，会导致 3 类项目的质量很低。销售每天联系这些项目，疲于奔命，没有结果，这是要避免的。

3 类项目对应项目发展的第一和第二阶段，就是产生需求、内部讨论阶段。对于 3 类项目，销售管理的重点就是要求销售人员尽快联系客户，尽快摸清客户需求以及“需求背后的需求”。最理想的状态就是在这个阶段就可以引导客户的需求，使客户喜欢我们有优势的技术方案，打击和否定竞争对手有优势的技术方案。

2 类项目对应项目发展的第三和第四阶段，就是方案设计、评估和比较阶段，就是要求销售人员经过至少一次面谈，通过拜访、技术交流等工作把客户需求搞清楚。然后开始设计技术方案，报给用户，客户如果没有明确否定我们的方案，项目就正常进行。对于 2 类项目，销售管理的重点是了解竞争对手以及他们的技术方案，确定与竞争对手的竞争策略，明确在客户关系层面如何应对，在技术方案层面如何应对，在投标商务层面如何应对等，从而指导一线销售人员工作。

1 类项目对应项目发展的第五阶段，就是投标竞争阶段。我们把服务方案进一步优化之后，和客户经过多次交流或者商务活动，进入招标前的竞争阶段。这也是项目竞争最关键的阶段，销售管理的重点是根据竞争态势，指导销售人员完成投标前的冲刺。如果客户关系还有短板，就放大招，安排商务活动，邀请客户来公司参观考察，或者安排公司领导前往客户公司进行拜访。

如果我们有短板，就决策是否放出“价格毒药”，以低价冲击中标。

项目投标后，成交的项目就像水，顺利地从漏斗下面的小喇叭口流出来，这对应项目发展的第六阶段——购买和实施阶段。这个阶段，销售管理的重点是监督项目实施，设备的生产与供应等。

衰减率

从漏斗的外形我们可以看出，上面喇叭口大，越往下面，漏斗直径越小，这比喻的是项目的衰减率（见图 5-12）。

图 5-12　衰减率

漏斗面积的大小比喻该类项目金额的大小，金额越大，该层漏斗的面积越大。我们可以看到，水在漏斗的第三层往第二层流动的时候，只有一部分项目能够得以继续流动，就衰减了。这意味着一部分项目在这个阶段已经把我们淘汰了，这很正常，不是所有的项目都有机会发展。

水从第三层流到第二层的时候有一次衰减，从第二层往第一层流动的时候同样有一次衰减。在第一层的项目进行投标 PK，流出来的只有一部分，也是一次衰减，这里面有 3 次衰减，这是项目管理的重点。

从刚才水流的 3 次衰减，我们就能知道，项目一直在衰减。如果我们把水流出来的成交金额作为销售目标，大家就可以计算出来，根据漏斗的衰减率指标，要求我们有多少 1 类项目，有多少 2 类项目，有多少 3 类项目。

3 类项目叫作商机，3 类项目是重要指标，我们要求有多少销售额，通过衰减率指标，就能计算出需要多少项目商机，这就是商机管理。

2004 年，在华为数通产品线国际部发展初期，国际部对各国代表处销售人员提要求。一般每位销售人员的销售目标要求是 1000 万元，我们会要求他的 3 类项目商机要达 4000 万元，也就是说，有 4000 万元的 3 类项目做储备，才可能有 1000 万元的销售额。

整体逻辑就是，大概 3 类项目是 4000 万元，到达 2 类项目就衰减变成 3000 万元，到达 1 类项目就衰减变成 2000 万元。最后投标，华为在国际市场和思科展开竞争，50% 的投标成功率，成交额为 1000 万元（见图 5-13）。

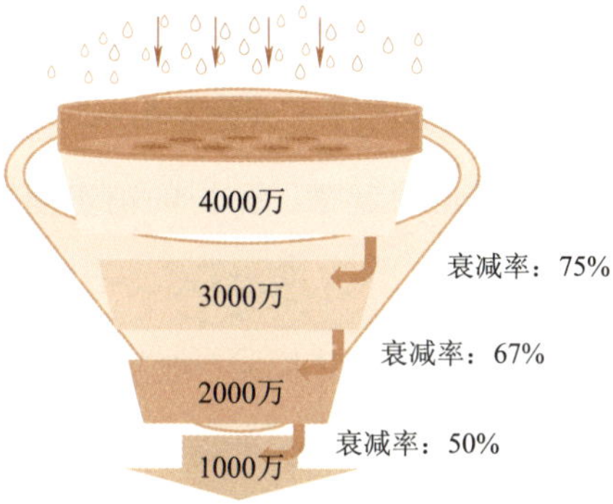

图 5-13　华为数通产品线国际部发展初期的衰减率

所以，华为 To B 的企业网部门在抓销售额的时候，不仅仅是抓 1 类项目应该怎么运作，而是盯着 3 类项目，抓商机的储备，因为 3 层漏斗里面如果没有足够的水，那么等 1 类项目结束之后，漏斗就干了，没有项目了，不能保证销售目标的达成。

为什么 3 类项目这么重要？为什么商机储备这么重要？

针对 To B 行业项目进行销售管理的意义在于管理成功率，提升项目成功率，保证销售目标达成，而不是每个项目都要求赢。

只要项目储备足够大，按照项目成功的概率也能完成公司目标，不在于某个项目的成败得失。

漏斗的形状

如何评价公司的商机储备是否合适？就是看销售漏斗的成交金额和 3 类项目商机总额的比率，这个比率是一个极为重要的指标。

对一家公司而言，由于其产品固定，针对某个行业的情况，大概这个商机储备的比率是固定的，例如 1∶4 或者 1∶8，华为数通国际部要求 1∶4。但是在不同行业，竞争情况不一样，比率会不同。如果各行业的销售数据汇总起来，公司的销售漏斗会稳定在一个形状。

同时，不同的公司由于产品不同，行业不同，这个比率会有所不同，但各自有一个相对稳定的比率（见表 5–1）。

表 5–1　不同类型企业常见的衰减率

企业类型	衰减率（参考）
IT 类 / 高科技大型公司	1∶4/1∶5
工程类 / 制造业中等规模民营企业	1∶6/1∶7
小型企业	1∶8/1∶9

对于一家公司而言，漏斗有固定的形状，按照正常的衰减率，3 层项目应该有多少流到 2 层，2 层项目应该有多少流到 1 层，是有数据，有规律的。如果从 3 层流入 2 层的水量出现异常，或者从 2 层流入 1 层的水量出现异常（见图 5–14），就要警惕销售情况已经出现异常。

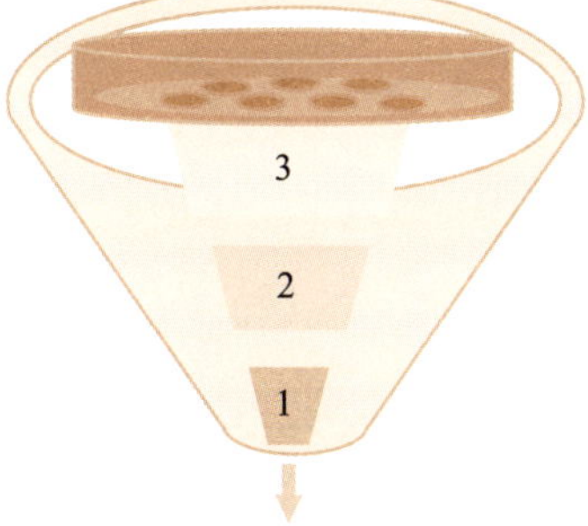

图 5-14　衰减率异常

这个漏斗的形状意味着什么？说明大部分 3 层项目都丢了，只有一小部分进入 2 层。很多 2 层项目也丢了，只有一小部分流到 1 层。1 层里面有一小部分成功，漏斗里面仅流出来一点水，项目成功率非常低。

从这个形状很难看的漏斗模型，很容易看出来项目销售的情况有问题，项目销售的成功率太低，需要进一步分析原因，扭转局面，这样销售漏斗就起到了销售管理的作用。

同样，图 5-15 意味着什么呢？这个漏斗几乎是一个直筒，说明 3 类项目不多，但这几个 3 类项目都顺利变成 2 类项目。2 类项目不多，但这几个 2 类项目都顺利变成 1 类项目。从结果上看，这几个 1 类项目的投标成功率很高。

这个直筒型的销售漏斗说明该公司的销售能力不错，1 类项目成功率高，但是市场拓展力度不够，3 类客户储备少，总是盯着手头的几个项目，做完了就没了，漏斗里没有水了，一切还得从头开始。

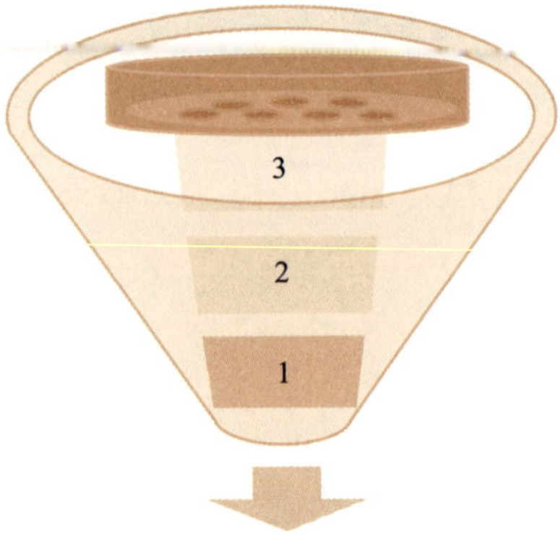

图 5-15　直筒型销售漏斗

公司没有项目储备，总是在忙手头的事情，没有为将来做准备，这是普遍问题。

漏斗管理

那么，从销售管理的角度，就要分析 3 层到 2 层的衰减率为什么这么高，是什么原因造成的，应该怎么改进。同样，从 2 层到 1 层是什么因素造成的。1 层项目最后的 PK，是什么因素影响了成功率。

3 类项目对应项目发展的第一和第二阶段，就是产生需求、内部讨论阶段。这时，销售人员和客户刚刚见面，刚刚认识，要注意商务礼仪，发展客户关系。只要不犯严重错误，客户一般会愿意继续保持联系，愿意继续推进合作的。

3 类项目被淘汰没有顺利成为 2 类项目，一般原因是公司资质问题，就是客户需要各种资质、成功案例，而我方目前无法满足。

例如，某部委的招投标会写明需要先入围合格供应商，这就需要公司先解决资质问题。

铁路客户需要的设备会写明在350千米时速铁路的成功案例不少于两个，每个案例运行时间不少于一年等，这些硬性要求会限制我方。针对这种情况，就需要从长计议，从公司层面出发，做好第一个成功案例的突破。

2类项目对应项目发展的第三和第四阶段，就是方案设计、评估和比较阶段。针对2类项目的管理就要注意使用7种武器的组合。

1类项目就是项目发展的第五阶段——投标竞争阶段。这是项目成败的关键阶段，要分析客户的5种关系，找到我们的短板，利用我们的Coach，确定投标策略与方案。如果总是1类项目成交有问题，就要分析具体原因，明确问题是出在客户关系还是投标商务，是对竞争对手了解不足还是技术方案有问题等。

找到这3个衰减率的具体原因，有针对性改进，就是销售管理的意义，就可以提升成功率，实现从偶然到必然，从成功案例中总结经验，从个人成功到集体成功。

华为国际部以前每次开销售会议，都会首先检查一下各个代表处的销售漏斗。电话会议一开始就会问："你们的商机够不够？"一般来说，总部会先检查代表处的销售漏斗里面的3类项目商机够不够。在国际市场发展初期，就按照1∶4的比例，对比代表处本季度的销售目标，就知道项目的储备情况是否合格。然后检查代表处的1类项日，分析代表处级别的重大项目进展情况，确保中标，重点关注公司级项目的进展情况。然后看看 2 类漏斗里面项目的进展情况是否合理，5 种关系处得如何，有没有必要请客户回国参观，是否需要举行商务活动等，明确代表处需要做什么工作，或者需要总部提供什么支持。

这种销售项目讨论会很有意义，它就是案例教学，一次销售会议起码开几个小时。

代表处是每周有销售例会，把销售漏斗里面的项目过一遍。地区部是双周开销售例会。总部是一个月开一次销售例会。

通过实践检验，有的项目成功了，有的项目失败了。在销售会议上复盘，看看哪些关键动作让客户转变了态度；哪些地方没有做到位，属于当时的认知盲点，导致后来的失利等。多年坚持下来，与会者会逐渐掌握项目运作的方法。有了经验，每个人都会逐渐成长，团队能力也得到提升，最后成功。

华为“准直销”渠道销售模式

销售按照厂家是否直接和客户签署合同分为两种模式——直销和分销。

直销模式适合项目大、客户目标明确、产品技术复杂度高并且项目交付复杂的产品。这种情况下，厂家直接安排销售人员和客户对接最为合适。

分销就是建立销售渠道，实行渠道销售的模式，由企业发展自己的代理商，由代理商对接客户，履行合同并提供售后服务。

分销渠道分为线上与线下。线上主要是指利用网络平台采用网上营销工具进行产品或者服务的推广和销售。线下就是面对面交易或传播产品、服务等的途径，包括以商务拜访、技术交流、促销活动、商务公关、会议展览、参观考察等手段为客户提供品牌宣传、产品服务。

目前，华为有三大业务群，分别为运营商业务群、企业网业务群和做手机等消费电子的消费者业务群，依次对应三种销售模式。

其中运营商业务群属于典型的直销模式，因为它面向的是各国的电信运营商等大型客户，订单大，项目交付复杂，项目周期长，适合使用直销模式。华为在当地设立机构直接和大型客户打交道，负责签订合同并实施项目交付。

除运营商业务以外的所有行业市场，在华为叫作企业网，也就是 To B 模式业务。因为企业网的市场大、项目多，而每个项目的金额一般在 10 万~100 万元，仅仅依靠厂家招人做直销覆盖市场是不现实的。只有发展代理商，依靠渠道的力量才能覆盖全国乃至全球的市场。

消费者业务群就是 To C 业务模式，属于典型的零售 To C 渠道销售模式。

渠道的意义

渠道的功能是让商品从生产厂家通过自己转移到客户手中，实现厂家、渠道、客户的共赢。

营销大师菲利普·科特勒在《营销管理》中总结道："营销渠道也称贸易渠道或分销渠道，是促使产品或服务顺利地被使用或消费的一整套相互依存的组织。"

1960 年，美国密歇根州立大学的杰罗姆·麦卡锡在其《基础营销》一书中将这些要素概括为 4 类（见图 5-16），即产品（Product）、价格（Price）、渠道（Place）、促销（Promotion），这就是 4P 理论。

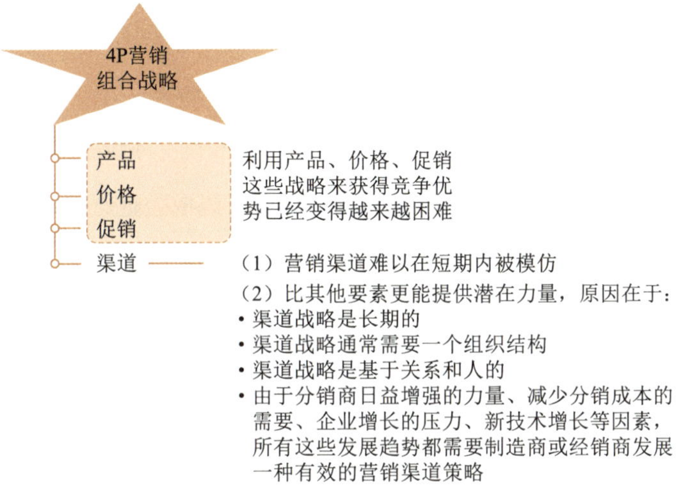

图 5-16　4P 理论及渠道的作用

随着商业模式的不断发展，利用产品、价格、促销这些战略来获得竞争优势已经变得越来越困难，最后发现渠道的价值巨大，而且营销渠道难以在短期内被模仿，可以形成企业的护城河。渠道之于企业的意义也愈加凸显，主要体现在以下几个方面。

第一，连接制造商和终端用户，渠道成为产品或服务传递的枢纽。

第二，提高交易效率，降低交易成本。对制造商而言，单点市场由一对多变成一对一，大大提高经营效率，原本只能做到以一（销售员）到十（消费者），通过渠道可以实现从一到百甚至千。

第三，充分发挥渠道成员间的协同作用，共享渠道资源。在物流、市场活动、售后服务等方面，整合渠道资源，共同发展。

第四，分担厂家的压力，规避市场风险。渠道分担了厂家的库存、账期、售前支持和售后服务的压力，在资金和人力资源上给予厂家有力的支持，有效地规避了还款风险和存货风险。

第五，好的营销渠道是企业宝贵的无形资产。通过渠道，可以收集竞争信息，完成产品市场调研等，这些可以成为企业的战略规划、产品及营销规划制定和调整的依据。

按照客户群划分，渠道又分为 To B 渠道和 To C 渠道。To B 渠道侧重于商业组织使用的工业产品，To C 渠道侧重于个人消费的零售产品。

To B 市场典型渠道架构，如图 5–17 所示。

渠道架构体系的设计首先要解决的问题就是区域覆盖和行业细分，要求代理商的数量及活动范围能够覆盖目标行业市场，使该区域内的行业客户都能被有效接触，市场能够得到精耕细作。

在典型的 To B 市场渠道体系中，存在的业务模型有两种——分销代理模式和行业代理模式。

分销商代理的产品主要为小型、标准化的产品，就是适合店面、柜台零售、批发的产品。华为的分销商就是代理华为的家庭用 Wi–Fi、小型路由器等。这类产品简单常用、金额小，适合分销商批发或者零售。

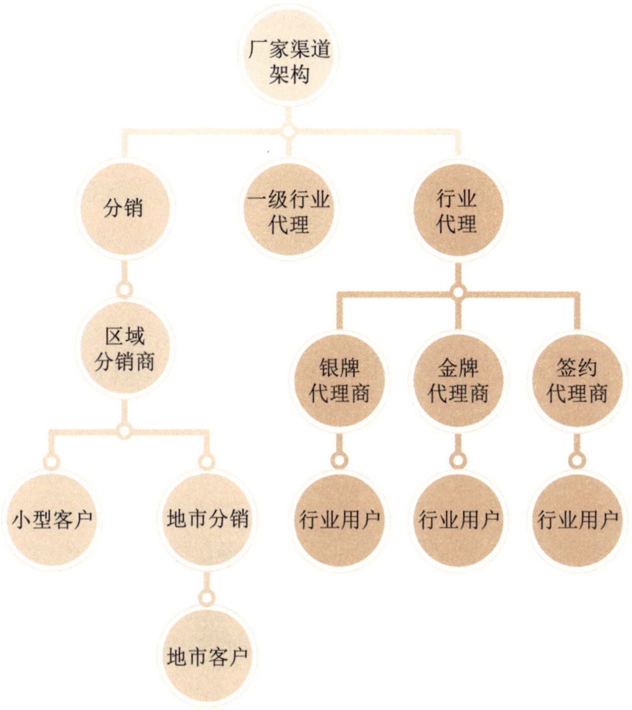

图 5-17　To B 市场典型渠道架构

分销代理模式中，分销工作由区域分销商完成，按照区域进行认证并划分业务范围。

区域分销商分为两类：一是给小型业务最终用户直接供货的区域分销商；二是通过再次转售至下级分销商，从而把产品卖向地市客户的区域分销商，此处覆盖的地市客户业务均为小型业务。

行业代理商则聚焦在区域内各个行业的项目，如金融、医疗、交通、教育等。行业代理商分为金牌代理商、银牌代理商以及签约代理商。此 3 类代理商一般仅在省级范围内，不能跨省开展业务，只允许从总代理商进货。

除此以外，还有一类行业代理商较为特殊，一般由于其能力强、资质好，例如，央企背景的软件公司，可以做全国范围，而且可以从厂家直接进货。此类代理商被厂家重视，在渠道体系较为独立，被称为一级代理商。

华为企业网业务群就采用了 To B 渠道模式。其企业网部门所管理的渠道架构如图 5-18 所示。

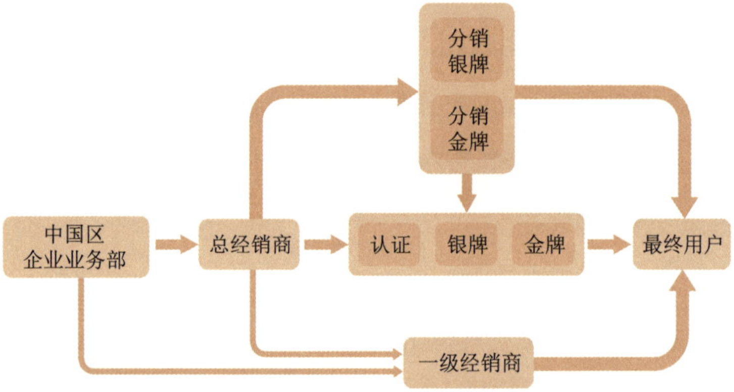

图 5-18　华为 To B 渠道架构

华为的总经销商服务范围为全国，既给各个省级区域的金牌、银牌、认证行业代理商供货，也给各个省级区域的金牌、银牌分销商供货。一类行业代理商则可以直接从华为进货，业务范围为全国。

行业代理商的金银牌制度

厂家建立金银牌认证制度主要是为了对代理商分级管理，分级进行资源投放，保证各级代理商的利益，形成良性发展的渠道体系。

金牌、银牌代理商在人员数量、人员的销售和技术能力、资金实力、获取项目的能力等方面都有差异，需要分级管理（见表 5-2）。

表 5-2　行业代理商分级标准

要求	厂家给予政策支持	金牌代理商	银牌代理商	认证代理商
注册资金	-	√	√	-
实体门店	市场基金	√	-	-
销售额承诺	销售目标考核（升级 / 降级）	√	√	√
下级代理账期支持	厂家账期	√	√	-
店内库存	库存周转	√	-	-
对最终用户和下级代理商样机支持	样机支持政策	√	-	-
品牌活动	市场基金	√	√	-
售后服务	服务奖励	√	-	-
对下级代理商销售返点	返点政策	√	√	-
专职销售人员	销售培训	√	√	-
专职技术人员	技术培训	√	-	-

了解完代理商的分类，作为厂家，同样需要摸清代理商更希望与厂家达成怎样的合作关系。

首先，代理商期望厂家有规则，与其合作的各代理商之间公平竞争。厂家的责任就是扶持代理商发展壮大，在和代理商合作中保证公平，保证代理商的利益，给代理商营造一个良性竞争、公平公正、优胜劣汰的渠道生态环境，使得渠道体系良性循环，健康发展。

其次，代理商还关注盈利。代理商和厂家合作的根本目的就是盈利，否则无法生存发展。厂家的工作要围绕“让渠道有合理利润”这个目标，能够让代理商发展壮大。

“准直销”

华为企业网销售工作是按照行业划分的，如政府、金融、教育、医疗、交通等。

针对每个行业的客户，在全国各地的代表处，都有华为的销售团队，把握该区域、该行业的客户关系，直接介入大中型项目。华为在成功建设客户关系，成功运作项目之后，根据渠道销售模式，华为不直接参与投标，在投标阶段就引入华为在该行业的代理商，让其介入后期的投标工作。

这种由华为的销售人员和代理商的销售人员双方配合的模式就是“准直销”，华为“准直销”模式 = 华为直接负责客户攻关 + 渠道配合。

华为运作项目之后，项目投标由代理商拟定标书。标书的技术部分由华为的技术团队提供，商务价格部分由华为的销售团队提供，项目的交付部分由华为的交付部门提供。代理商负责整合资料，参与项目投标，投标前由华为代表处给代理商发项目投标授权函。

代理商在该项目中标之后，由其负责签订合同，完成项目交付，负责售后服务事宜。

因为企业网市场太大，项目多，华为的行业销售团队不可能100% 覆盖项目。有时就是代理商了解了某行业的项目信息，先报备给行业销售团队，发现华为在该行业的销售人员可能还没有注意这个项目。这时，就由代理商和华为行业销售团队协商，如果双方讨论觉得代理商自己能够拿下，那么就以代理商为主，华为投入精力少；如果经过讨论，觉得代理商力量小，客户关系一般，仅仅是认识客户的普遍关系或者仅仅知道项目信息，并没有把握，那么就把这个项目介绍给华为销售人员，由华为出面，代理商做该项目的客户关系引荐的配合工作。

“准直销”模式发挥了双方的优势。

华为是做运营商的直销大客户项目出身，擅长做客户关系，擅长和客户直接打交道，擅长运作项目，在直销大客户方面打拼数十年，富有经验，公司介入 To B 市场之后，就自然而然地把这个优势发挥了出来。

由华为打下来项目之后交给代理商来交付项目，后期让代理商负责维护该客户，一方面减轻了华为的工作压力，有时间、精力服务其他客户；另一方面给代理商带来了客户和订单，代理商有了利润，双方皆大欢喜。

同时，由于企业网市场太大，华为不可能及时发现和跟踪所有的客户和项目。这时，就要发挥代理商的作用，通过为数众多的代理商覆盖市场。由代理商发现项目，报备给华为，和华为一起配合工作，拿下客户，实现双赢。

如果由代理商独立完成的项目或者以其为主的项目，那么一般给代理商的利润相对要高。如果华为运作项目，然后交由代理商投标，给代理商的利润相对要低。一般利润会相差15%~20%，视项目具体情况而定。

为了保证项目竞争的公平，华为提出以下两个政策。

其一，优先支持提前报备项目的代理商。华为要求代理商发现项目之后，第一时间向当地的行业销售团队报备。华为如果发现该项目已经有代理商报备，则告知其相关情况。华为优先支持第一个报备项目的代理商，目的在于鼓励代理商发现项目。

其二，优先支持客户关系最好、客户最支持的代理商。华为经常遇到这种情况：第一个报备项目的代理商并不是客户最支持的代理商。在这种情况下，是以“拿下项目”为原则，以客户意见为准，客户推荐哪家代理商，就优先支持谁。对第一个报备项目的代理商则给予适当回报，如给其一个新的客户或者订单，让其负责维护客户。

华为企业网的To B“准直销”方式效果显著，近10年来，销售额从100亿元增长到1000亿元，团队增长了近10倍，代理商队伍也增长了10倍以上。

华为对代理商的管理

渠道管理是为了推动代理商发展，推动渠道生态进入良性循环。

第一阶段是签约与培训，即从代理商签约开始，要对代理商进行培训。一是产品技术培训，要求代理商的技术人员通过技术工程师认证考试，不同级别的代理商有不同的认证工程师数量及证书级别的要求。二是合作政策培训，如项目报备制度、项目申请特价制度等。三是让代理商的工作人员和华为当地代表处的销售人员对接，由华为提工作要求，开始合作。

第二阶段是业务合作，就是代理商开始和华为配合做项目，也是代理商业务发展、从小变大的过程。代理商接触行业客户，给华为提供项目信息，让华为介入项目；华为做了项目以后，交给代理商来投标履行合同。

第三阶段是优胜劣汰。为了建设一个良性发展的渠道生态，厂家要对金银牌代理商制定认证标准，进行定期考评，实行升级、降级制度。

对渠道承诺的年度销售额按季度进行分解，厂商对代理商按照每个季度既定的销售目标进行工作复盘，对于连续两个季度销售业绩不达标者，要提出警告，要求整改，如果年底依然不达标，则执行降级。反之，连续两个季度达到高一级渠道认证标准的销售额的渠道，可以给予拟升级，升级考核期为3个月。

渠道升级、降级工作一般在全年工作结束以后开展，首先评估代理商的年度业绩完成情况，如果未达成60%及格线的要求则降级。同样，如果超额达成目标，满足升级条件，则予以升级。

同时关注渠道秩序维护，对代理商就某项目出现违规报异常低价等行为进行查处。一旦发现，则按照渠道管理政策处以罚款或者终止合作。

渠道升级、降级工作应严格执行，对代理商要实行优胜劣汰，这样才能让代理商发展壮大，提升渠道质量。

第四阶段是生态建设，要把代理商组织起来，让其活动起来。一方面华为给大家指明方向，提出工作要求；另一方面代理商开会商议，为华为献言献策。

由华为的渠道管理部门“合作伙伴管理部”组织多行业、多区域、多级别的核心合作伙伴开展不定期的小范围“合作伙伴会议”，强调“合作创造价值”，讨论业务专题，如“产品质保”“技术培训”等，客观看待代理商提出的问题，进行政策协商。

“合作伙伴会议”可以团结代理商的力量，在讨论中，发现问题，解决问题，有利于认识和培养核心代理商。同时，由于代理商在市场一线，离客户近，了解客户，多听听代理商的声音，有利于做到以客户为中心，及时发现和理解市场变化，及时优化政策。

同时，为了让代理商及时了解公司发展，保持联系和互动，增进代理商的信心，凝聚行业力量，要经常举办全国性的代理商活动。

华为企业网“合作伙伴管理部”每年开一次隆重的全国合作伙伴大会，指明公司发展方向，凝聚行业力量。2021 年的全国合作伙伴大会盛况超前，有 2000 家合作伙伴超过 2 万人参加。年度大会除领导发言讲述新年的新政策以外，还要颁奖以鼓舞士气，包括销售冠军奖、市场拓展奖、最具价值合作伙伴奖、品牌拓展奖、重大项目奖等。

省级代表处则在每年底举行本省合作伙伴总结大会，整个流程和公司级别一致，只是范围在本省，规模小一些。同时，每个季度举行本省区域内合作伙伴渠道工作会议，总结上一季度的工作，解决问题，提升合作水平。

华为企业网的“准直销”模式，充分发挥了合作双方的优势，一手抓客户，一手抓代理商，实现了对 To B 行业市场客户有效、全面的覆盖。

2011—2021 年这十年，华为企业网部门的年销售额从百亿元增长到千亿元，合作伙伴的数量从 1 万多家增长了约 20 倍。

第六章

To B 项目销售团队管理

华为打造狼性销售团队的 6 要素与管理销售团队的 3 要点。对于销售业务管理，华为设立了销售管理部这一重要部门。

打造并管理狼性销售团队

华为取得今天的成就离不开团队建设。其销售团队更为突出，被誉为使命必达的“狼性团队”（见图 6–1）。

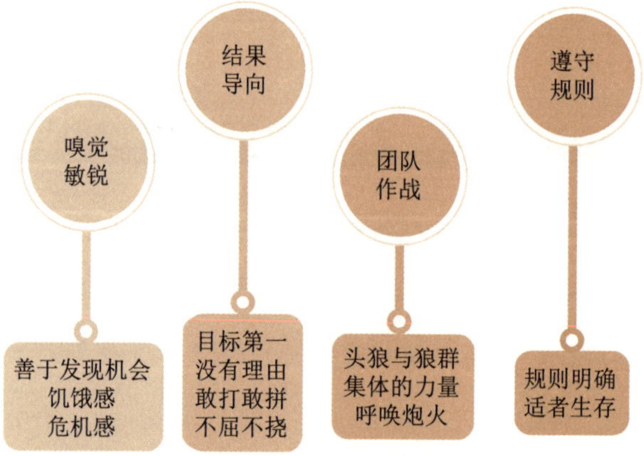

图 6–1 狼性团队的特点

任正非说过："所谓狼性，就是要有敏锐的嗅觉，不屈不挠、奋不顾身的进攻精神和群体奋斗的决心，强烈的目标导向，不达目的不罢休的精神。"

那么华为究竟是如何培养狼性销售团队的？以下 6 要素必不可少（见图 6–2）。

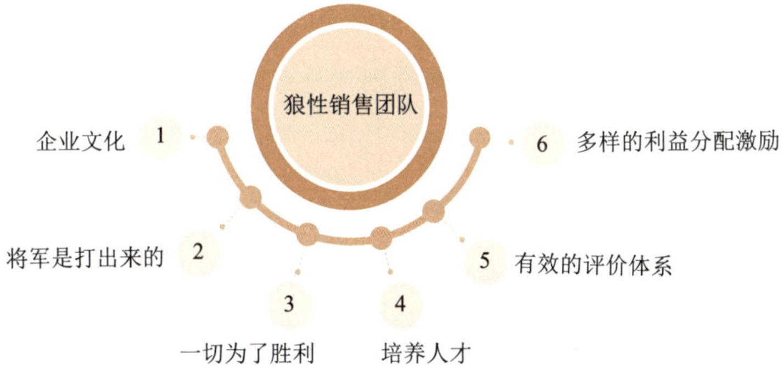

图 6–2　打造狼性团队 6 要素

塑造团队的根本和基石：企业文化

打造狼性团队，首先要从企业文化说起，一切行为源于思想的指导，而思想受到文化的熏陶、感染和塑造。

"以客户为中心，以奋斗者为本，长期坚持艰苦奋斗"这句话深深印在每个华为人的脑海。

正如任正非所说："不以客户需求为中心，他们就不买我们小公司的货，我们就无米下锅，我们被迫接近了真理。"他还说："为客户服务是华为存在的唯一理由，客户需求是华为发展的原动力。”

只有围着客户提供服务，为客户不断提供更好的产品和服务，企业的竞争力才会提升，才能建立企业的护城河。

企业不应从自身角度出发去想推出什么产品，而应推出客户需要的产品或者服务，要为客户创造价值，让客户更成功。

华为在企业文化的高度，要求每个员工以客户为中心，员工被明确告知，客户利益高于其他一切群体的利益。这可以说是华为的最高要求，是每个员工的行为准则，是每个新员工入职学习的第一课。

只有当员工把“以客户为中心”铭记在心，接纳“以客户为中心”的思想时，他才会为客户考虑每一个细节，让客户满意。笔者曾接待一位法国客户，飞机晚点了，笔者在酒店大堂等他，从下午 3 点等到晚上 9 点多。客户抵达时虽然笔者已经很疲惫，但依然陪同他办完入住手续，并带他到当地景点吃饭，最后将其送回酒店。良好印象使得我们后面的谈判很顺利。

华为明确了自己的原则就是“以奋斗者为本”。对一家公司来说，员工不会 100% 都是奋斗者，那么华为开宗明义：不是奋斗者就不为本。道理很简单，没有客户就没有企业，而没有员工去奋斗创造优质的产品、服务，又哪里会有客户。

为了服务好客户、赢得市场就必须有一批敢打敢拼的奋斗者，公司就必须把价值分配倾向给奋斗者，鼓励奋斗者不断涌现，而不是平均主义吃大锅饭，那样谁会去奋斗呢？

不奋斗，没有奋斗者，面临世界级的强敌，华为这样的弱小公司怎么会赢呢？为了活下去，公司必须“以奋斗者为本”。

员工知道公司“以奋斗者为本”，他就会放心成为奋斗者，敢打敢拼，愿意付出和奉献，因为他知道公司不会亏待他，这就是文化的力量。

胜则举杯相庆，败则拼死相救

华为的企业文化有著名的一句“胜则举杯相庆，败则拼死相救”，源于曾国藩的湘军。这句话要求团队合作第一，一切行动为集体，要顾全大局，要求每一个人为团队而战，强调集体利益至上。

尤其是销售团队，外部强敌林立，自身相对弱小，更是需要团结作战，发挥集体的智慧和力量，才有可能活下来，才有可能取胜。

2005 年底，华为在马来西亚的开拓越来越顺利，团队已经发展到 20 多人，总代理商的市场能力覆盖马来西亚全国，核心代理商有 20 多家且正在不断壮大，项目也到了正常水平，每个马来西亚的销售经理手头都有几个项目。印度代表处的发展则不理想，亚太区总裁要求笔者立刻前往印度，支持印度团队拓展印度市场。笔者接到电话没有犹豫马上就回国办理印度签证。到了印度，笔者给当地团队讲马来西亚的成功经验，按照相似的工作计划，发展总代理商，组织代理商招商会议，拜访当地核心代理商，拜访客户等。工作逐渐有了成果，发展了一批代理商，招聘人员也陆续到位，开始了项目运作，步入正常发展阶段。

华为的团队互相支援，全力以赴，凝聚力就是在这一场一场的恶仗中锤炼出来的。

烧不死的鸟是凤凰

华为没有舒适区，尤其是销售人员，面临的都是恶仗，都是艰难的任务，活下来不容易，所以要习惯面对困难，面对挑战。一代又一代的华为人就是这样成长起来的。

当初笔者接到亚太区的命令，奔赴印度，一下飞机，发现机场没有高速路，全是石子路，入住的酒店也是当地农村的一个很小的旅馆，生活条件很差，环境也非常糟糕，因此非常沮丧。

第一天早上，笔者昏昏沉沉睡到早上 9:00，还没有起床。这时，电话响了，是亚太区总裁打过来的。接通电话之后，他非常严厉地问道："干吗呢？起来了吗？见客户了吗？"笔者连忙起床，第一天就浑浑噩噩过去了。

第二天笔者还是睡到了 9:00。他的电话如期而至，伴随而来的是和第一天一样严厉的追问，笔者连忙起床。这一天，笔者开始进入工作状态，开始和团队一起联系客户。

第三天早上，笔者睡到 8:50，起床了。他依然给笔者打了电话，还是那三个问题。笔者说："我起来了，今天约了和客户见面。"

"下午给我汇报情况！"

"好的。"

当时，笔者是非常不高兴的，觉得市场情况这么困难，事情都没有头绪，领导还给笔者这么大压力，一大早就打电话，说话这么严厉，真是不近人情。

后来，随着工作的开展，笔者逐渐想明白，这个事情不怪领导，是这个任务太难了，他不逼迫，笔者不可能做成。

笔者的领导也是教练，他的言传身教，教会了笔者如何管理团队、管理业务。他有管理经验，知道笔者刚刚到印度，会感到压力，会沮丧，所以他第二天早上 9 点给笔者打电话就是看看笔者到底起床没有。连续 3 天的"早起电话问候"就是逼笔者尽快进入工作状态。然后从第四天开始，就改为下午打电话听笔者每天的工作进展，看看笔者的工作思路对不对，进展是否正常。后来就是一周沟通一次，过几个月以后改为在月度例会沟通工作。这个节奏就是他对笔者辅导的过程，看到笔者在慢慢进步，他就放手了。

华为是一所大学，笔者在实战中成长，也学会了如何监督员工的工作，推动员工进步，笔者也变成了那个打电话很严厉的人，变成了那个工作要求很严格、检查工作很细致的人，成为华为合格的干部。

不让雷锋吃亏

华为团队的狼性和华为的高回报激励是分不开的。

华为对员工奖励的大度是广为人知的，华为员工有工资收入、年终奖以及股票收益。2019 年，公司全体员工的平均年收入在 80 万元左右，这是业界的极高水平。

要打造狼性团队，就要给“狼”吃肉。如果给“狼”吃草，时间久了，“狼”就在团队里消失了。同样，如果让雷锋吃亏，以后就不会有雷锋了，这是负向循环。公司出现了雷锋就奖励他，树立标杆，雷锋有回报，大家都看得到，都会想当雷锋，就会有更多的雷锋涌现出来，这是正向循环。

笔者在咨询工作中，遇到的绝大多数公司对销售人员的激励政策都不到位，只是单方面希望员工有狼性，但是没有想过“狼”有没有肉吃，然后疑惑于“为什么我们的团队没有狼性”，问题就出在自己的激励政策上。

华为的企业文化值得其他企业认真研究、学习。

“以客户为中心”强调了所有人必须全心全意为客户着想，为客户服务，在文化的高度上引导每个人这么去做。

销售团队最看重的是团队配合，华为强调“胜则举杯相庆，败则拼死相救”。

销售有压力，有困难，面对困难怎么办，归根结底还是要让自己心理强大，意志坚定。华为强调每个人要进行心理建设，强调自己的主观能动性，告诉每个人“烧不死的鸟是凤凰”。现在火正在烧，要忍住，要坚持，会成功，会成为凤凰。

销售有困难，为了鼓励每个人奋斗，华为强调“以奋斗者为本”“不让雷锋吃亏”，让大家放心拼搏。

狼性的干部：将军是打出来的

在打造狼性销售团队的时候，干部的作用至关重要。狼群行不行，看头狼。团队行不行，看领导。

在华为，干部的 4 项工作如图 6-3 所示。

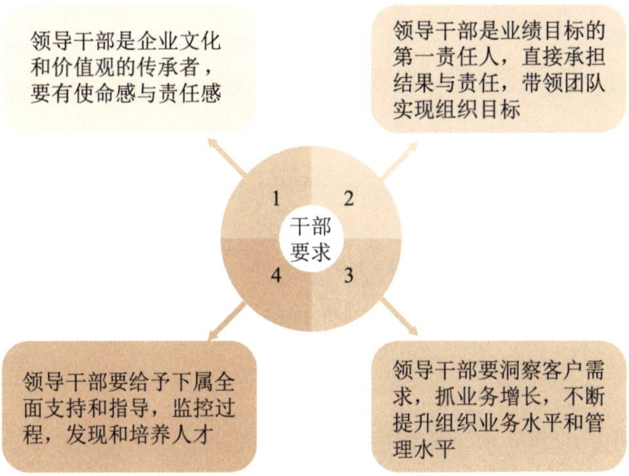

图 6-3　华为干部的 4 项任务

企业文化和价值观的传承者

华为认为“领导干部是企业文化和价值观的传承者”。华为对所有员工从一进公司开始就进行企业文化培训，然后随着工作实践，按照绩效考评结果，从中选拔干部，而前提条件是只有符合华为文化要求，有使命感、责任感，能够以身作则的优秀员工，才可以被提拔为干部。这些干部代表了华为，他们用自己所代表的华为文化影响员工，传承文化。

不符合华为企业文化要求的员工，是不可能成为干部的。

业绩目标的第一责任人

在华为，领导干部直接承担结果与责任：成了是领导的功劳，有奖，有物质奖励，也有职位提升等奖励；败了是领导的责任，有罚，一般是转岗或者降级。在亚太区某国家代表处，半年左右，迟迟没有打开局面，招人进展慢，代理商发展慢，经过总部评议，就把该代表处领导撤了。他回来以后，一时也没有合适的职位，只能在总部待着，不久就辞职了。

这种案例比比皆是，赏罚分明的做法使得每一位干部都兢兢业业、认真努力地工作，带领团队实现组织目标，让团队成功，让目标达成。

提升组织业务水平和管理水平

干部要洞察客户的需求，针对客户需求提升自身能力，弥补能力短板，抓业务增长。一手抓业务，告诉员工如何做，提供资源支持一线；一手抓管理，让员工队伍有纪律，有干劲，提升组织的业务水平和管理水平。

给予下属全面支持和指导

干部要给予下属全面支持和指导，做好过程监控，发现和培养人才。既要给压力，又要给支持，要在工作过程中辅导员工。

华为坚持“将军是打出来的”。一代又一代的干部是在实战中成长起来的，公司看结果，选拔绩效比较优秀的员工成为干部、高级干部。这种选拔制保证了这支干部队伍都是由能打敢打的精英组成的，这些干部既有学历也有阅历，既懂管理也懂业务，既有苦劳也有功绩，保证了这支队伍具有使命必达的“狼性”。

狼性的员工：一切为了胜利

“一切为了胜利”如果浓缩成一个字，就是“赢”，华为的精神就是“赢”的精神。

销售，就是要赢，赢得项目，赢得客户，赢得市场，这是唯一的答案，也是必须的结果。

对销售而言，结果是第一位的，在华为没有结果谈苦劳是没有任何意义的。每个人的任务必须按时、保质完成，没有借口。

为了赢，就必须“一切为业务服务，一切为了前线”，“让听得到炮声的人指挥战斗”。

2005 年，开拓马来西亚的企业网市场之初，我们只有 3 个人，得从零开始，面对世界一流的对手，困难很大，但笔者的信念就是：不能输，无论怎么样，都得想办法发展起来。

是总部给了我们强大的支撑。在海外，一切从零开始，千头万绪，需要解决的问题太多，需要几乎所有总部部门提供支持：需要产品部提供最新的解决方案，需要技术支援部派技术工程师来现场支援，需要法务部审核文件，需要商务部审核订单细节，需要人力资源部审核招聘启事等。笔者上午 10 点多写邮件给多个部门，要求下午 2 点开电话会议，下午 2 点，这些部门都会准时出现在会议上。笔者提出的要求，它们都能够马上满足。

随着拓展的深入发展，笔者遇到了越来越多的项目，需要技术支援人员，通过电话会议提出需求，技术支持部马上同意，一周后就有几名技术工程师来到马来西亚，为后续赢得项目提供了直接支持。

笔者在异国他乡，感受到了公司的力量和温暖，“三个一切”是我们能够取得胜利的基础（见图 6–4）。

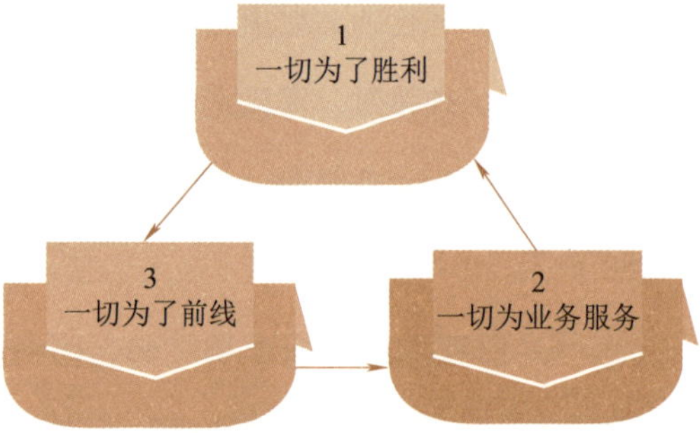

图 6–4　华为的三个“一切”

培养人才

721 原则

华为的员工培养方法是基于 721 法则设计的。

721 法则提出，就工作能力而言，能力提升的 70% 来自工作实践，

20% 来自就学习课题和老师、同学之间进行的讨论，讨论不限于是课堂上、工作中还是下班后，10% 来自课堂学习、老师的培训。

在企业中安排的面授课程，往往起到补充知识框架、启发思考、指导实践的作用，能否真正掌握，要看学员是否真的在实践中用学到的知识解决问题。华为在培养体系上遵循 721 法则，在学习项目中强调实践和学习相结合，学习以后就去一线工作，在实战中成长，华为本身就是一所大学。

全员贯彻“导师制”

华为的导师制非常有特色，可以称作“全员导师制”。

每一位新员工入职分配到部门以后，会在部门里指派一位老员工充当他的导师。老员工没有具体工作年限的规定，只要是正式员工并且对部门业务熟悉,就有资格。导师在新员工见习的三个月里指导他，一直到新员工转正答辩结束，导师的工作才完成。

导师在员工培养中扮演多重角色，是业务上教练、榜样，指导新员工在新岗位上工作，要注意哪些环节，遇见困难可以找谁寻求帮助等，只要新员工有疑惑就可以请教他。导师也是新员工在思想上、生活上的引导者，全方位地辅导员工成为符合华为要求的人才。

在华为内部，这一做法最早来自中研部党支部设立的以党员为主的“思想导师”制度，后来被推广到整个公司。

华为对“导师制”非常重视，会对导师和所带员工的成绩进行检查。新员工得顺利通过答辩转正，如果没有通过答辩，部门领导则要和导师谈话，看看是新员工本身的原因还是导师辅导不到位。如果导师有一定责任，则会提醒导师注意改正。如果员工转正答辩成绩优异，还会给予优秀导师相应的奖励。2009年，笔者在存储产品线国内市场部工作时，也担任过导师，还获得了优秀导师证书。

更为重要的是，华为把“导师制”上升到培养接班人的高度，并以制度的形式做出严格规定：没有担任过导师的员工，不得提拔为干部；不能继续担任导师的，不能再晋升。

轮岗制选拔合格后备干部

在干部培养上，华为采取了“轮岗制”来丰富他们的实战经验，检验他们的工作能力。

华为提倡干部“之字形”发展，一般三四年就会进行岗位调整。也就是说，一个干部不是在自己的领域里一直往上走，而是走“之字形”。

一个干部要想晋升，就必须经过多个业务领域的历练，比如从研发部门去做产品行销、市场营销或者一线销售，下一步还可能到供应链、采购部工作等。这种做法，既能开阔干部的经营管理视野，满足个人发展需求，也可有效遏制腐败的滋生。

当然，转岗去什么岗位然后再去什么岗位没有固定模式，一般是看当时有什么岗位空缺（华为通常会有很多新业务），或者哪里需要人，公司就会做出安排。

笔者从原来在数通产品线国际部的业务发展部到一线代表处负责销售，因业务需要，回到国际部任国际渠道部负责人，之后在存储产品线国内市场部工作，然后到存储产品线研发体系的市场技术部任职，历任市场、销售、渠道、技术等职位。

华为干部培训中心

华为干部培训中心是“培养将军的摇篮”，提倡“最优秀的人培养更优秀的人”，担负着员工培养的重任。

它有两个重要部门，一是培训部，二是战略预备队。

培训部是人力资源部主管教学和教育的平台，实际上它是一个协调调度的平台组织。它的教师由公司优秀的在岗干部与专家兼职，同时邀请外部优秀的专家学者来做讲座，如请国内的将军讲讲将军是怎么产生的，请美国西点军校的将军来讲领导力。

战略预备队是总干部部的一个教导队组织，战略预备队采用学员制，每年将近有一万人在这里轮训，他们来自 170 个国家。一线、中、高级管理者在这里进行不同的学习项目，以适应新的岗位。

新员工主要学习专业技能以提升职业素养。中层干部主要学习专业课程、团队管理、项目管理等课程。总监级别干部主要学习战略思维、组织建设、领导力方面的课程（见图 6–5）。

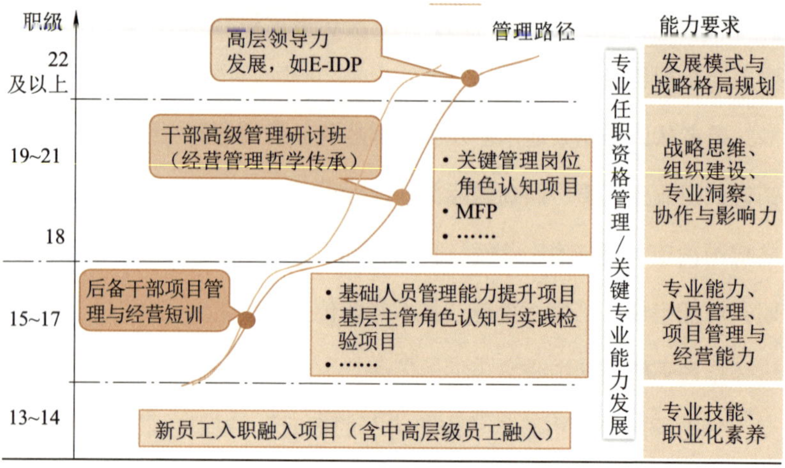

图 6-5　华为的管理传承

华为干部培训中心的员工培养项目有三个特点。

一是重视实践，强调训战结合，需要什么就学什么，马上能用。所谓的训战，就是一边赋能、一边实战，强调学习的转化。任正非说："华为大学一定要办得不像大学，因为我们的学员都接受过正规教育。你们的特色就是训战结合，赋予学员专业作战能力。整个公司第一要奋斗，第二要学会掌握奋斗的办法，仅有干劲，没有能力是不行的。"训战一体化最早在军事上应用较多，后来在华为发扬光大，现在的企业培训，对训战一体化模式越来越认可。

二是师资以员工兼职为主，倡导"最优秀的人培养更优秀的人"。华为管理着公司近一万名兼职讲师队伍，站上讲台的都是各级管理干部和业务专家。

三是除了赋能，也要锻造“精神”。员工在华为大学参加培训，不仅要掌握相应的技能，也要训练对公司价值观的认可，对企业文化的传承，对公司制度的学习，对个人精气神的修炼。

有效的评价体系

绩效管理是价值评价环节的主要实现手段，要形成一个成功的管理体系，需要依赖一个正确的价值评价体系。

华为的绩效评价具备以下三个基本导向。

第一，有利于高绩效文化的形成，建立基于客户导向的高绩效文化，“以客户为中心，以奋斗者为本”“不让雷锋吃亏”的文化要落实到考核激励制度的操作细节。

第二，有利于人的效益不断改进，建立并推行以绩效改进为核心的考评体系；以自己为标准，不断地今天跟昨天比，从而推进个人与公司的进步。

第三，有利于人均效益不断增长，一个企业最重要、最核心的就是追求长远、持久地实现人均效益增长。人均效益提高的基础是有效增长，要关注增长，关注总效益，然后考核人均效益。

在工作中如何正确、客观、合理地评价人才和工作结果？一切都要从做好考核开始——正确评价“创造了多少价值”尤为重要，要合理设计考核指标，正确衡量工作结果，既要有“责任结果”评价，也要评估“关键行为”，综合评价“价值创造”，把每个员工的季度考核做到位，作为年度激励的依据（见图 6-6）。

图 6-6　价值评价

以销售人员为例，销售人员的“责任结果”就是销售额，包括合同金额、回款金额、利润金额等，这是主要的评价因素。但是，有时，有些大项目在今年没有结果，但是明年很有希望，为此也做了很多工作，那么这些怎么评价？这些就是“关键行为”，比如重大项目的公关活动、重大市场活动，重大客户的客户关系突破如邀请客户回国参观等。

如表 6-1 所示，华为既考核销售目标、市场目标，也考核关键行为。

表 6-1　销售人员 PBC 考核示例

类别	PBC 考核要素	权重	评价规则
销售目标	总体目标完成率	50%	得分 = 权重 × 完成率 ×100，完成率≥ 100%，满分
	总体增长率	10%	下降 10% 为 0 分，增长 10% 为 10 分，中间线性得分

（续表）

类别	PBC 考核要素	权重	评价规则
市场目标	XX 区域医疗行业客户突破	20%	得分 = 权重 × 完成率 ×100，完成率≥ 100%，满分
关键行为	XX 产品渠道拓展	5%	1 家以上产品渠道签约
	XX 行业渠道拓展	5%	与 1 家以上 XX 渠道有成功项目合作
	精细化营销基础工作	10%	主要包括高层客户关系提升、营销活动、重大项目规范运作（立项、简报、项目分析会纪要）、组织建设等

多样的利益分配激励

价值评价公平公正是有效激励的前提。

华为人之所以能够并愿意持续奋斗，最重要的原因就是公司有合理的激励政策。所谓激励，具体体现为各种形式的利益分配。企业的活力在很大程度上受利益驱动。企业的经营机制，说到底就是一种利益驱动机制。

任正非说：“企业持续发展的动力不是人才问题，是利益分配的问题。”让每个做出价值贡献的人都得到合理的回报，让他们感受到公平公正，他们就有持续奋斗的动力，能持续创造好业绩，形成正循环，公司所有人都努力，这个力量是惊人的，会推动公司取得商业成功。华为的事实证明了激励的重要作用。

华为公司激励体系的基本原则是“以奋斗者为本”，激励冲锋的奋斗者，“只要前面这批人是冲锋的，对他们的激励到位了，剩下的人就会跟上，我们就会越打越强”。

华为的激励强调全面回报，在物质激励层面，包括工资、奖金、安全退休金、医疗保障、股权、红利等经济利益。

工作表现好，每年都可以加薪，甚至一年加薪两三次。华为的年终奖平均占员工年度收入的 30% 左右。年终奖跟所属部门和个人的年度绩效考核直接紧密相关，充分拉开差距，导向业绩产出。绩效考核优秀 A 的员工，可能拿到相当于十几个月工资的奖金。绩效考核一般 B 的员工，可能只有几个月的奖金。绩效待改进 C 的员工，可能没有奖金或者奖金极少。员工配股也一样，公司每年有配股额度，跟所属部门和个人的年度绩效考核直接紧密相关，充分拉开差距，优秀员工每年可以配几十万股以上，这意味着每年几十万元的分红，绩效不好的员工则没有配股额度。

华为也采用多元化激励，通过设置项目奖等，及时激励团队和个人。每次地震、海啸、核泄漏事件以及战争，在当地都有华为人的身影，他们在事件影响之下坚持工作。等局面稳定之后，公司就会发项目奖，一般在几百万元左右，奖励团队。到一些治安条件差的地方出差，华为员工万一不幸被抢劫了，公司会全额补偿个人经济损失，还另外给予几万元的“抢劫补贴”，作为额外的安抚。

非物质激励包括机会、职位、荣誉。公司强调：对员工而言，最大的非物质激励就是机会。确实如此，人才需要一个平台施展才华。当年笔者也是遇上了华为在国际市场大发展的机遇，作为我们产品线的第一拨市场开拓人员，有了发挥的机会，才历任马来西亚销售总监、印度销售总监、亚太区销售总监、国际部渠道负责人等职。当马来西亚经过 6 个月的发展，业务比较稳定的时候，笔者接到了亚太区总裁的电话，让笔者去印度。他对笔者说："你刚刚忙完马来西亚，发展得不错，又去印度，你是可以授勋的。"年底，笔者被国际部授予员工最高荣誉——金牌个人奖章。当时国际部 300 余人，仅评定 2 位金牌员工。这个金牌是笔者的荣誉，是最好的激励。

这就是激励的作用。

如何管理狼性销售团队

掌握打造狼性团队的 6 要素之后，我们还需要知道如何管理团队。华为管理狼性销售团队有 3 个要点——抓纪律、管过程、立典型（见图 6–7）。

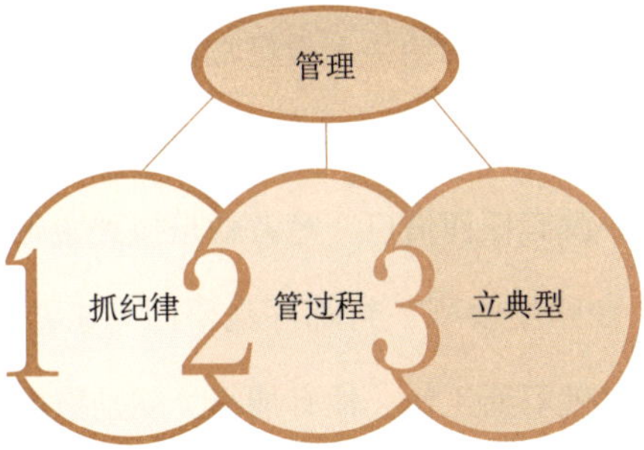

图 6–7 管理销售团队 3 要点

抓纪律

狼性的销售团队，执行力超强的销售团队，非常鲜明的特征就是纪律严明。没有纪律的团队就是一盘散沙，没有战斗力。

抓纪律是树立钢铁般的纪律，首先就是定规则、定制度，让团队每一个人都知道，什么是应该做的，什么是禁止做的，每一个人都必须遵守。为了强调纪律的严肃性，为了做到让每一个人严格执行纪律，就必须赏罚分明，明确什么行为会受到奖励，什么行为会受到处罚，都落实到位。这会让整个团队遵守纪律，令行禁止，整齐如一。

在华为，对销售人员而言，最大的纪律就是按时完成任务。这是铁的纪律，完成了任务才合格，完不成就会面临转岗或者被辞退。公司对销售人员的要求是攻下山头，攻不下，只有换人。正是因为华为要求每一个人都必须完成任务，赏罚分明，严格地执行纪律，才使得这支队伍具备超强的执行力。

在华为，抓纪律意味着“听命令，听指挥”，指哪儿打哪儿，令行禁止，一切行动听指挥。销售人员经常接到紧急任务，接到之后就要求立即行动，立即奔赴现场，离开驻地或者马上到国外，这些命令都必须立即执行，没有任何借口。笔者就是接到领导的一个电话，就要到印度工作，在印度收到一封邮件就要回马来西亚工作。笔者的某位领导被要求去俄罗斯工作，他有情绪，就是拖着不去，后来被辞退了。

这就是抓纪律抓出来的执行力。

管过程

在执行的过程中，为了保证结果，就要时时刻刻地监督每个人的工作过程。销售团队管理的第二个要点就是管过程。华为工作检查的重点是每周，开好周例会是华为 To B 销售工作的重点，是管过程的重要体现。

一线代表处最重要的就是每周的项目例会，相比工作日报而言，华为更看重周报，因为华为的项目周期相对较长，每周检查一次工作最合适。周会分部门召开，由部门负责人召集，开会统一讨论这周的项目进展，在开项目例会之前要求每个人先提交周报，周报模板统一，每个人的周报里面要求更新最新的项目进展，这是开会的基础。

代表处的周例会主要就是过一遍项目，把每个人的每一个项目检查一遍，就是了解每个项目的发展阶段，部门给予指导意见，提出明确要求，明确每个人下一步的行动计划，形成会议纪要。

下一次开会，对照上周会议纪要，检查工作结果，严格落实工作细节，没有完成会被现场批评。

立典型

管理销售团队的第三个要点就是立典型。在销售业务发展的过程中，一个团队会出现成绩突出的个人，就是季度考评为 A 的优秀员工。在华为，考评为 A 的员工占比不超过 10%，所以对于这些优秀员工要及时给予表彰和奖励，将其树立为典型。

因为销售人员的压力大，面对的困难也多，做出成绩不容易。做出成绩之后，首先证明他优秀，值得表彰，同时也证明了这条路是走得通的，他的成功案例对团队的其他人起到了示范、带头作用，给其他人信心，将其树立为典型可以振奋整个团队的士气，鼓舞人心。

当年，马来西亚代表处用6个月基本组建了团队，发展了总代理商。进入项目销售阶段后，取得了一定的成绩，代表处及笔者被总部给予表彰。这个成功案例给亚太区其他国家代表处的发展起到示范、带头作用，其他国家的代表处觉得这个工作没有想象中那么困难，即使有困难，也走得通，所以大家齐心协力，坚持奋斗，不到两年时间，亚太区的团队就都建好了，业务进入正常发展阶段。亚太区的成功给了国际部领导信心，他们持续加大投入，在拉美、非洲、欧洲、俄罗斯、日本等国家和地区开展业务，开启了全球市场业务快速发展的时代。

狼性销售团队是公司业务发展的重要支撑，但不是仅仅靠喊口号就可以打造出来的，这是一个全面工程。企业文化、干部队伍、员工能力、人才培养、绩效考核、激励政策等方面都要做到位，同时要抓纪律、管过程、立典型，这是打造狼性销售团队的法宝。

华为销售管理部

华为对销售业务进行管理的部门为销售管理部。该部门非常重要，它协助销售负责人管理销售业务，在华为的销售体系里地位很高（见图 6-8）。

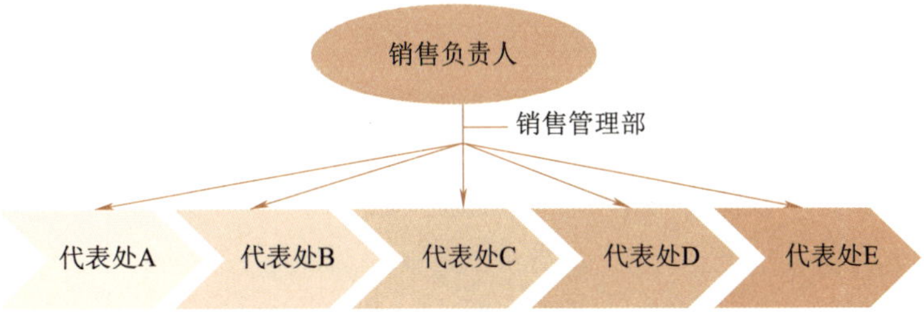

图 6-8　销售管理部

在华为，销售管理部在公司的组织内部也是按等级分级建设的。

就华为而言，在公司总部有销售管理部。公司分为运营商业务群、企业网业务群和消费者业务群，在各个业务群有各个业务群的销售管理部，各业务群各自下设大地区部，在各大地区部有各大地区部的销售管理部，各大地区部下设各国家代表处，在各个国家有国家代表处的销售管理部，在各个国家有各省级代表处的销售管理部（见图 6-9）。各个层级的销售管理部各司其职，主抓本单位的销售业务。

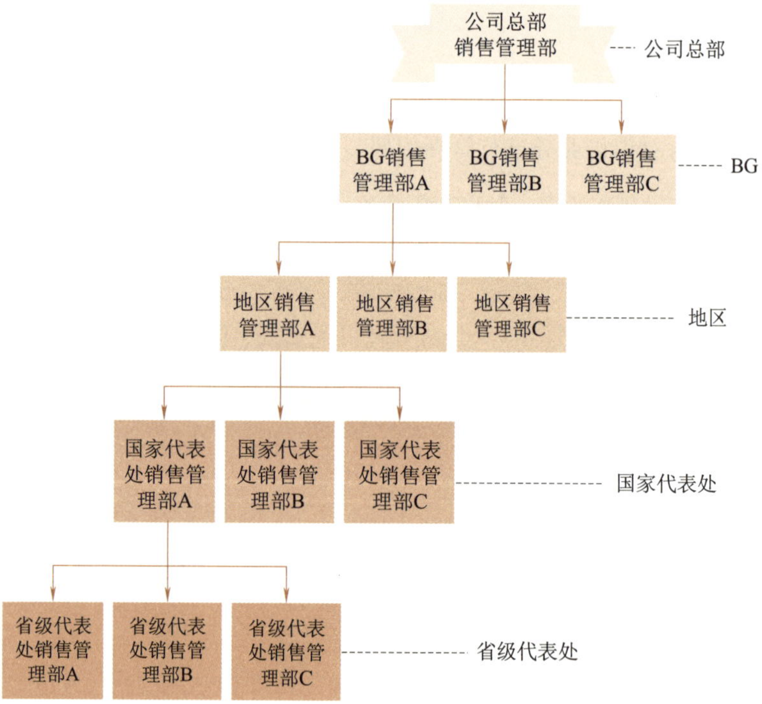

图 6-9　各级销售管理部

销售管理部主管销售业务，负责对销售目标达成进行全流程管理，从销售目标分析与制定、目标分解到销售进展监控，重点是保证目标的达成而进行的管理工作，包括业绩目标管理、市场资源协调、重大项目管理、业绩考核以及参与激励政策制定、提供干部任免意见等（见图 6–10）。

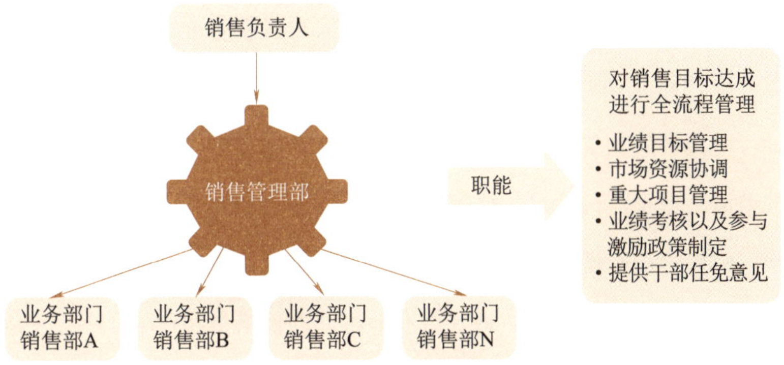

图 6–10　销售管理部职能

销售管理部向上对销售业务的总负责人汇报工作，是销售总负责人的参谋部，向下管理下级各业务部门的销售业务，对下级各业务部门的销售负责人有直接的业务管理关系。

虽然对下级各业务部门的销售负责人没有行政管理关系，没有直接的任命权，但是由于它负责对下级各业务部门的销售业绩进行考核，而考核结果会直接影响下级各业务部门的销售负责人的升职或降级，同时它可以把自己关于干部任免的意见直接汇报给销售负责人，所以它的意见对销售人员来说具有相当大的影响力。

销售管理部的重要职能是建设和推行销售管理制度，包括价格审批制度和销售管理例会。

价格审批制度

华为企业网产品有列表价，这是客户拿到产品的终端价格。代理商做项目的时候，厂家给代理商的价格要给代理商留出利润空间，所以一线销售要给代理商的项目申请产品折扣。这个折扣就是项目特价，由负责的销售人员填写，上报给销售管理部进行该项目的特价审批申请。这个流程就是价格审批制度。

销售管理部规划各级业务单位的项目折扣的权限，国家代表处有代表处的价格折扣权限，地区部有地区部的价格折扣权限，一级一级设立各自的项目折扣权限。如果针对某项目，产品折扣还不够，就得上报总部，由总部销售管理部牵头协调，处理该项目的折扣审批事宜。

销售管理部要起到监督作用，要了解重大项目的进展，了解项目的客户关系，了解代表处的销售人员，不能让项目的特价申请出现异常。

在国际市场拓展期间，海外各代表处一些百万美元级别的项目申请了很低的折扣，理由是和思科竞争激烈。这种项目折扣较为异常，在当时由于业务发展比较快，管理工作没有那么细致，也通过了。后来销售管理部加强管理，发文重申特价审批权限规则，遏制了这个势头。

销售管理例会

销售管理部最重要的任务是保证和促进本级单位的销售目标达成，就是抓结果。为此，一般是通过销售管理例会的形式检查下级各业务单位的销售进展，就是看指标、“抓过程”。

省级代表处的销售例会每周都要开，每月例会是重点。国家代表处的每月例会是重点。各大地区的销售管理部主要抓季度例会。各业务群主要抓半年会和年度会议。各级管理部例会主题，如图 6–11 所示。

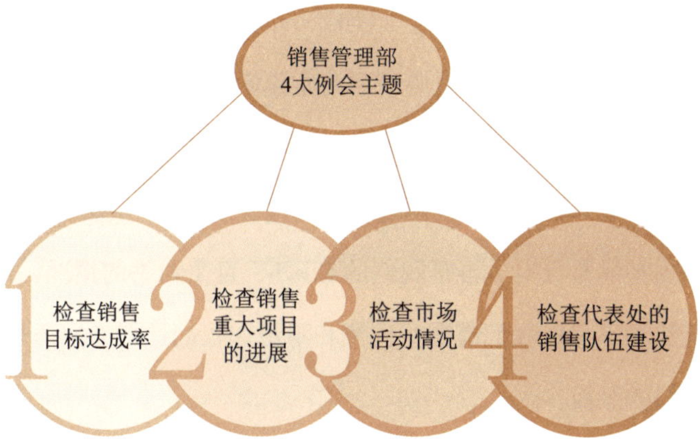

图 6–11　销售管理部例会主题

销售管理部例会就是看指标，最重要的主题就是检查销售目标达成率，看看进度是否符合工作要求，目标达成是否乐观，有无潜在风险，不利的影响因素有哪些，工作进展是否正常，需要总部提供何种支持。

地区销售管理部重点检查各个代表处的销售进展是否顺利，如果发现异常，要明确这个问题在当地代表处是否能解决，如何解决。如果当地代表处自身解决有困难，那么需要总部提供什么支持，是否需要销售人力、技术专家或者领导拜访。大家一起讨论，做到上下协同、齐心协力，推动销售目标的达成。

销售管理部例会的第二个主题是检查销售重大项目的进展，就是抓过程。

在华为，重大项目按照组织层级进行分级管理，有国家代表处级的重大项目，有地区部级的重大项目，有业务群级的重大项目。不同级别的重大项目分别由其对应级别的业务单位重点关注。

检查重大项目进展，具体就是了解目前该项目的发展态势，检查客户关系情况，管理线、技术线、采购线、财务线、用户线对我们的态度是支持还是反对，谁是我们的 Coach，竞争对手的情况，他们有哪些优势和不足，我们有哪些优势和不足，我们计划如何扬长避短，打击他们的短板。

还要明确当前项目发展到了 6 个阶段的哪个阶段，下一步计划采取哪些行动推动项目，存在什么困难，需要总部提供何种支持。

重大项目在华为也叫山头项目，这个词比较形象地体现了项目的重要性。拿下这个山头，我们就能控制局面；丢了这个山头，敌人就会控制局面。所以重大项目的成败对当地市场格局的影响巨大，对当地客户关系建设有长期影响。对重大项目要敢于投入，而且要长期投入。由于实施重大项目的客户会长期持续存在需求，因此我们的工作也是长期的，不成功绝不罢休。

等到该重点项目结束以后，不管是成功了，还是失败了，都要开项目复盘会。总结成功的经验，总结失败的教训，让大家共同学习成长，提高项目运作能力、项目管理能力。

销售管理部例会的第三个主题就是检查市场活动情况，包括讨论市场活动的策划，以及检查市场活动的落地情况。

对销售工作而言，市场活动是必要的，可以树立公司品牌，在活动中拉近与客户的关系，有利于建设客户关系。在活动中发现销售线索，实现从市场活动到销售线索的目的。什么样的主题活动比较好呢？这就需要讨论。

这就会邀请市场部门参加，把负责市场活动宣传的同事请过来，和一线人员一起讨论，针对目前的市场情况，应该策划什么主题。

2006 年，华为数通产品线的国际业务已经在 30 多个国家或地区落地，初步有了团队基础和客户基础，业务需要进一步深入发展。这个阶段，各个代表处为了扩大销售额，需要针对一些重点行业展开市场活动，目的是实现更好的突破。各个国家代表处根据自己的实际情况，选择自己急需突破的行业，需要策划行业市场活动，然后经过和总部市场部讨论，确定各自的活动计划，如印度的医疗行业活动、马来西亚的教育行业活动、日本的电子行业活动等。这些市场活动在公司总部市场部门的协助下，都成功举办，会议现场吸引了新客户的参与，体现了公司的实力，实现了代表处扩大市场、发展更多客户的目的。

销售管理部例会的第四个主题是检查代表处的销售队伍建设。

团队的战斗力对于销售业务的发展至关重要，要时刻注意队伍的思想状态，队员有没有畏难情绪，有没有抱怨与不满的地方。如果出现这些问题，要及时解决，要让队伍保持高昂的士气，保持激情和动力。

要关注干部和队员的业绩，出现了业绩滑坡的异常情况就要检查，明确是客观原因还是主观原因。如果个人状态不好，就要及时调整；如果个人能力不行，就要及时培训。

马来西亚代表处曾经有个干部，来到一线以后，并没有进入工作状态，态度消极，每天不是想办法认识客户和代理商，而是在办公室打开电脑看新闻，这引起团队其他成员的严重不满，经过和亚太区领导讨论，他被调回公司总部。

时时监测，保证目标的完成

销售管理工作首先要对销售目标达成负责，要及时检查各业务单位的销售进展以及项目商机储备，尤其明确商机的储备是否足够支撑项目目标。如果商机储备足够，那么按照赢单的概率，大概能判断任务完成是否乐观。

检查商机数据

所以，第一个重要原则就是检查商机数据，不能漏报、瞒报，要及时上报，填写在工作报表或者销售管理软件中。

因为销售人员在一线都比较辛苦和忙碌，他们有时不能及时上交商机数据，会晚 3~5 天甚至更久。从工作角度来讲，这是不允许的。销售人员每天要及时填写当天发现的商机，哪怕是晚上 12 点也要填写再结束工作，这是铁的纪律。

有时，销售人员自己有私心，他担心项目不一定能拿下，怕将来失败了被责问，所以就不敢填写。这种情况更严重，一定要严肃处理。

从笔者辅导公司的情况看，有的客户公司拥有销售管理软件系统，但是由于在上系统之初，没有对销售人员严格要求，他们没有养成及时填报商机的良好习惯，导致普遍推迟填写的严重情况，甚至有的项目到中标才填写。因为下单也要经过这个系统，那么项目信息一填写进来就是中标、下单，销售管理软件形同虚设，等于没有销售过程的管理，这个软件就变成仅仅有下单功能的系统。

有的公司做得比较好，它们在上系统之初就对销售人员进行严格培训，强调纪律，要求大家及时填报，把信息填准确，做不到就批评，大家都能够遵守纪律。由于每个人都及时地填报自己的项目信息，这样公司的销售漏斗就很准确，可以看到公司所有项目的进程。公司的销售漏斗从 3 层到 2 层到 1 层到投标的过程一目了然，总部就可以针对项目进行指导，实现对项目过程的管控，效果比较好。

判断商机是否足够

有了及时并且真实的商机数据，销售管理部的第二个重要原则就是判断商机是否足够。

国际部一般要求各代表处要有4倍于销售目标的项目商机储备。因此，看看目前的商机金额，就可以判断目前任务达成率是多少，项目金额大概缺多少，需要进一步挖掘多少金额的项目商机，讨论在哪些行业或者客户身上发现项目比较可行，下一步的行动计划是什么，这样就会有目的地指导各业务单位的一线销售工作。

对重大项目的过程管控

销售管理部关注的第三个问题是针对重大项目的过程管控，一定不能失控。针对重大项目，市场一线可能会有畏难情绪或者经验不足。如果发现他们上报的信息是模糊、不准确的，销售管理部就要检查他们的项目细节，帮助他们发现问题，鼓励他们，推动他们前进。

华为一般在当地招聘员工，人员到位之后，经过培训就开始工作。笔者当时在印度招聘员工，后来发现他们能找到客户，能找到代理商，也能发现项目，但是运作项目的经验不足，每次拜访客户回来也懒得说，没有形成良好的工作习惯。

华为就用例行的每周项目分析会，每个人讲自己的项目，一个人一个人地讲，讲讲项目背景、竞争情况、客户情况、客户需求、目前进展、下一步计划，一个项目一个项目分析，通过集体讨论分析，传授知识和经验来帮助他们成长。

订单处理

销售管理部关注的第四个问题是订单处理，包括订单预测和订单交付。订单预测的目的是通过一线的订单预测金额，及时通知供应链提前采购元器件，提前备货，避免采购峰值出现，导致公司来不及生产。订单交付就是根据订单提前进行生产排期，保证项目的交付时间。

为此，华为成立了计划委员会，成员为销售管理部和供应链部门。计划委员会是虚拟部门，但是级别为一级部门，设主席，由公司副总裁担任。

计划委员会的会议级别比较高，由销售管理部组织，供应链、产品部、研发部等部门负责人或主管参加。销售管理部要对市场的销售额做出预测，从区域销售的预测数据转换为产品线的数据，分解到具体的产品的采购期和交期。

参加计划委员会例行会议的人有各产品线的主要负责人、供应链的计划部门主管（主要代表采购）、调度部门主管（主要代表交付和物流），针对有疑问的项目或者产品预测，会直接连线各地区的销售主管或者各产品线产品行销主管或者产品线的研发主管穿插入会。

笔者的某个咨询客户生产电力产品，年销售 12 亿元左右。其问题就是公司销售人员的订单都是销售人员自己负责，自己打电话催生产车间办公室。如果着急，他们直接向负责生产交付的厂长催订单，多年来一直这样。客户董事长也困惑，不知道该如何处理为好。这就是没有经验，没有从部门组织建设的角度从根本上解决问题。

经过调研后，笔者的方案就是建设销售管理部统一进行订单处理，执行订单预测和订单交付功能。半年后效果良好，董事长的烦恼也消失了。

关注销售人员的状态

销售管理部关注的第五个问题是销售人员的状态，要提升他们的能力。

一线的销售人员是比较辛苦的，他们有可能由于过度劳累或者遇到挫折而情绪低下、沮丧，失去信心。这种状态是异常的，比较容易被察觉。从他们在例会上的发言状态，就能够很明显感受他们的情绪。一旦发现问题，就要着手解决，要么鼓励他们，让他们能够放松下来或者振作起来，或者加人手或者换人。因为员工在这种状态下不可能做出成绩，不可能有结果，会影响销售目标的达成。

同时，要注意提升一线销售人员的能力。

销售管理部要经常举办各种培训活动，安排讲师到一线或者大家回到总部进行培训，大家带着问题回来，培训从实战出发，集体讨论、总结，不断学习提高。

基本上，国际部按照地区一个季度要安排一次集体学习培训，外地的同事可以通过电话会议分享在各自国家的成功经验，交流学习。

销售管理部常见问题与解决方案，如图 6–12 所示。

常见问题		解决方案
商机数据漏报、瞒报	←	严格培训，强调纪律，结合批评惩罚
商机数量不足	←	根据目前金额判断下一步行动计划，指导一线销售工作
重大项目的过程管控不足	←	检查项目细节，召开每周例行项目分析会
订单处理响应不足	←	成立计划委员会，执行订单预测和订单交付功能
销售人员的状态不好	←	及时发现，及时鼓励；进行人员调整；注重提升一线销售人员的能力

图 6–12　销售管理部常见问题与解决方案

华为的销售管理部作为销售管理的重要部门，运筹帷幄，决胜千里，对销售目标的达成、销售队伍的成长发挥了至关重要的作用。